A LIVRO DE RECEITAS VEGANO DE 30 MINUTOS

100 RECEITAS VEGANAS PARA FAZER EM MENOS DE 30 MINUTOS

EDMUNDO JIRON

Todos os direitos reservados.

Isenção de responsabilidade

As informações contidas neste eBook destinam-se a servir como uma coleção abrangente de estratégias sobre as quais o autor deste eBook pesquisou. Resumos, estratégias, dicas e truques são apenas recomendações do autor, e a leitura deste e-book não garante que os resultados de uma pessoa reflitam exatamente os resultados do autor. O autor do eBook fez todos os esforços razoáveis para fornecer informações atuais e precisas aos leitores do eBook. O autor e seus associados não serão responsabilizados por quaisquer erros ou omissões não intencionais que possam ser encontrados. O material do eBook pode incluir informações de terceiros. Os materiais de terceiros são compostos por opiniões expressas por seus proprietários. Como tal, o autor do eBook não assume responsabilidade ou obrigação por qualquer material ou opinião de terceiros.

O eBook é copyright © 2022 com todos os direitos reservados. É ilegal redistribuir, copiar ou criar trabalhos derivados deste e-book no todo ou em parte. Nenhuma parte deste relatório pode ser reproduzida ou retransmitida em qualquer forma reproduzida ou retransmitida em qualquer forma sem a permissão por escrito expressa e assinada do autor.

ÍNDICE

ÍNDICE 3

INTRODUÇÃO 7

CAFÉ DA MANHÃ 8

    1. Waffles grelhados de framboesa 9
    2. Tortilhas de linhaça 11
    3. Salsicha de Soja 13
    4. Aveia Vegana 15
    5. Panquecas de manteiga de amendoim 17
    6. Panquecas de cranberry com calda 19
    7. Panquecas de abóbora laranja 22
    8. Scones de morango 25
    9. Tofu de espinafre 28
    10. Mingau de quinoa de amaranto 31
    11. Miso ramen 33
    12. Burrito de tofu 36
    13. Barra de proteína vegana 39
    14. Panquecas de abóbora laranja 42
    15. Batata doce e frutas 45
    16. Panquecas de abóbora 47
    17. Scones de morango 50
    18. Tofu de espinafre 53
    19. Aveia chia durante a noite 56
    20. Mingau de quinoa de amaranto 58
    21. Muffins de lentilha de cacau 60
    22. Crepes de grão de bico com cogumelos 62
    23. Torradas de batata doce 65

LANCHES 67

    24. Lanche de proteína verde 68
    25. Bolinhos de quinua 70

26. Barras de proteína vegana 72
27. Picadas de energia PB e J 74
28. Homus de cenoura assada 76
29. Barra de quinoa recheada 78
30. Biscoitos com gotas de chocolate 80
31. Molho de edamame sem casca 83
32. Taças de caju matcha 85
33. Fatias de choco de grão de bico 88
34. Biscoitos verdes doces 91
35. Barras de banana 94
36. Rosquinhas de proteína 97
37. Bolinhos de amêndoa 100
38. Tofu de mel com gergelim 102
39. Bombas de gordura de manteiga de amendoim 105
40. Barras de bomba de gordura de maple pecan 107
41. Aperitivos de couve-flor 110
42. Copos de Pizza Seitan 113
43. Seitan grelhado e espetinhos de legumes 116
44. Bolinhos de quinua 119
45. Picadas de energia PB e J 121
46. Homus de cenoura assada 123
47. Taças de caju matcha 126
48. Tofu de mel com gergelim 129

PRATO PRINCIPAL 132

49. Caçarola de hambúrguer de shiitake e queijo 133
50. Caçarola de Jambalaya Assada 136
51. Massa recheada com berinjela e tempeh 139
52. Coalhada de feijão com molho de feijão e macarrão 142
53. Tofu Estilo Cajun 145
54. Lasanha vegana de tofu 148
55. Ravioli de abóbora com ervilhas 151
56. Macarrão de abobrinha com parmesão 155
57. Tofu de manteiga de amêndoa refogado 157

64.	Tigela de Buda de grão de bico de quinua 160
65.	Tofu pegajoso com macarrão 163
66.	Tofu teriyaki de churrasco vegano 166
67.	Tofu crocante com rabanete 169
68.	Salada de atum com grão de bico 172

ACOMPANHAMENTOS E SALADAS 175

69.	Brotos com feijão verde 176
70.	Pilaf de cogumelos 178
71.	Salada de repolho vegana 180
72.	Mistura vegetariana 182
73.	Feijão verde-pecã assado 185
74.	Brotos de couve fritos 187
75.	Legumes Grelhados 189
76.	Salada verde mista 191
77.	Salada de tofu e bok choy 193
78.	Salada vegana de pepino 196
79.	Tempeh e batata doce 199
80.	Salada tailandesa de quinua 202

SOBREMESAS 205

81.	Sorvete de limão com infusão de coentro 206
82.	Torta de abobora 209
83.	Sorvete de moca 212
84.	Rosquinhas de cereja e chocolate 214
85.	Pudim de amora 217
86.	Torta de abóbora com xarope de bordo 220
87.	Torta Rústica 223
88.	Fondue de chocolate amaretto 226
89.	Flans com coulis de framboesa 228
90.	Bolas de frutas em bourbon 231

VINAGRETES E MARINADAS 233

91.	Molho rancho de alho 234
92.	Molho de cebola roxa e coentro 236

93. Molho cremoso de Dilly Ranch 238
94. Molho cha cha quente 240
95. Vinagrete estilo cajun 242
96. Vinagrete de mostarda 244
97. Vinagrete de gengibre e pimenta 246
98. Vinagrete cítrico 248
99. Pimenta branca e cravo-da-índia 250
100. Esfregaço seco de pimenta 252

CONCLUSÃO **254**

INTRODUÇÃO

Então você decidiu que gostaria de se tornar vegano, mas por onde começar? A transição para um estilo de vida vegano pode parecer realmente assustadora, mas muitas vezes a ideia de uma grande mudança de estilo de vida é muito mais assustadora do que realmente fazê-lo. Se você se concentrar em fazer uma mudança de cada vez, a progressão para o veganismo parecerá bastante natural. É importante seguir seu próprio ritmo e decidir qual método funciona melhor para você.

Aqui estão pratos para estruturar sua transição para o veganismo, apenas certifique-se de adaptá-los às suas necessidades específicas. Essas receitas fáceis de preparar para a culinária vegana do dia a dia podem ser preparadas em meia hora!

CAFÉ DA MANHÃ

1. Waffles grelhados de framboesa

Faz 2

Ingredientes

- Os Waffles
- 1/2 xícara de framboesas
- Raspas de 1/2 Limão
- 1 colher de sopa de suco de limão
- 2 colheres de sopa de manteiga vegana
- 1 colher de sopa de adoçante

instruções

a) Pré-aqueça uma máquina de waffles e despeje a massa.

b) Deixe cozinhar até que a luz fique verde ou o nível de vapor caia para um nível seguro.

c) Retire os waffles do forno e reserve para esfriar um pouco.

d) Aqueça a manteiga vegana e o adoçante em uma panela no fogão. Adicione as framboesas, o suco de limão e as raspas de limão. Mexa até engrossar com a consistência de geleia.

e) Coloque o recheio de framboesa entre dois waffles e coloque em uma panela e cozinhe por 1-2 minutos de cada lado.

2. Tortilhas de linhaça

Faz 5

Ingredientes

- 1 xícara de farinha de linhaça dourada
- 2 colheres de sopa de sementes de chia
- 2 colheres de chá de Azeite
- 1/2 colheres de chá de curry em pó
- 1 xícara de água filtrada
- 1 colher de chá de farinha de coco

instruções

a) Em uma tigela grande, misture bem todos os secosIngredientes menos a farinha de coco e metade do azeite.

b) Misture bem até que a mistura forme uma bola sólida.

c) Polvilhe farinha de coco sobre a massa e estique a massa com um rolo.

d) Corte sua tortilha com uma ferramenta redonda larga.

e) Aqueça 1 colher de chá de azeite em uma panela em fogo médio-alto. Quando o óleo estiver quente, adicione a tortilha e frite até obter o escurecimento desejado.

3. Salsicha de Soja

Rende 4 porções

Ingredientes

- 2 colheres de azeite
- 1 cebola amarela doce pequena, picada
- 12 onças de salsicha vegana, picada
- 1 libra de tofu firme, escorrido e espremido
- 1 colher de chá de sal
- 1/4 colher de chá de açafrão
- 1/4 colher de chá de pimenta preta moída na hora

instruções

a) Aqueça o azeite em uma frigideira grande em fogo médio.

b) Adicione a cebola e a linguiça vegana, tampe e refogue por 5 minutos ou até a linguiça dourar.

c) Acrescente o tofu, sal, açafrão e pimenta e mexa para misturar. Cozinhe, mexendo ocasionalmente, até que o líquido seja absorvido, cerca de 10 minutos.

d) Prove e ajuste os temperos conforme necessário e sirva

4. Aveia Vegana

Faz 1

Ingredientes

- 2 colheres de sopa de linhaça moída
- 2 colheres de sopa de sementes de chia
- 2 colheres de sopa de coco ralado sem açúcar
- 2 colheres de sopa de adoçante granulado de sua preferência
- 1/2 xícara de água quente
- 1/2 xícara de leite de coco frio sem açúcar

instruções

a) Combine os ingredientes secos em uma tigela pequena e mexa bem.

b) Misture meia xícara de água quente, certificando-se de que a mistura é muito espessa. Misture o leite de coco até obter uma 'farinha de aveia' espessa e cremosa.

c) Sirva com coberturas/mix-ins desejados.

5. Panquecas de manteiga de amendoim

Faz 6

Ingredientes

- 1 ¼ xícaras de farinha de trigo
- 3 colheres de sopa de açúcar granulado branco
- 1 colher de sopa de fermento em pó
- ¼ colheres de chá de sal
- 1 xícara de leite de soja
- 1 ovo de linhaça
- ¼ xícara de manteiga de amendoim
- ⅔ xícara de gotas de chocolate vegano
- Óleo de coco, para fritar

instruções

a) Peneire a farinha para uma tigela e adicione o açúcar, o fermento e o sal.

b) Adicione e misture o leite de soja, o ovo de linhaça e a manteiga de amendoim para combinar.

c) Misture as gotas de chocolate por último.

d) Cozinhe um quarto de xícara de massa em uma frigideira com um pouco de óleo de coco.

e) Cozinhe cada panqueca por cerca de 3 minutos em ambos os lados, ou até dourar.

6. Panquecas de cranberry com calda

Rende 4 a 6 porções

Ingredientes

- 1 xícara de água fervente
- 1/2 xícara de cranberries secas adoçadas
- 1/2 xícara de xarope de bordo
- 1/4 xícara de suco de laranja fresco
- 1/4 xícara de laranja picada
- 1 colher de margarina vegana
- 11/2 xícaras de farinha de trigo
- 1 colheres de açúcar
- 1 colher de fermento em pó
- 1/2 colher de chá de sal
- 1 1/2 xícaras de leite de soja
- 1/4 xícara de tofu macio e sedoso, escorrido
- 1 colher de sopa de óleo de canola ou semente de uva, além de mais para fritar

instruções

a) Pré-aqueça o forno a 225 graus Fahrenheit.

b) Despeje a água fervente sobre os cranberries em uma bacia resistente ao calor e reserve por 10 minutos para amolecer. Escorra bem a água e deixe-a de lado.

c) Combine o xarope de bordo, suco de laranja, laranja e margarina em uma panela pequena e cozinhe em fogo baixo, mexendo sempre para derreter a margarina.

d) Misture a farinha, o açúcar, o fermento e o sal em uma tigela grande.

e) Misture o leite de soja, o tofu e o óleo em um processador de alimentos ou liquidificador até ficar homogêneo.

f) Com alguns movimentos rápidos, misture os ingredientes molhados nos ingredientes secos. Dobre os cranberries que amoleceram.

g) Aqueça uma fina camada de óleo em uma chapa ou frigideira grande em fogo médio-alto. 1/4 xícara a 1/3 xícara da massa deve ser derramada na chapa quente.

h) Cozinhe por 2 a 3 minutos, ou até que pequenas bolhas apareçam na superfície.

i) Cozinhe até que o segundo lado da panqueca esteja dourado, cerca de 2 minutos a mais.

j) Coloque as panquecas fritas em um prato resistente ao calor e mantenha-as aquecidas no forno enquanto você termina o restante do lote. Sirva com uma calda de laranja-ácer ao lado.

7. Panquecas de abóbora laranja

Faz 4

Ingredientes:

- 10 g de farinha de linhaça moída
- 45ml de água
- 235 ml de leite de soja sem açúcar
- 15ml de suco de limão
- 60 g de farinha de trigo sarraceno
- 60 g de farinha de trigo
- 8 g fermento em pó, sem alumínio
- 2 colheres de chá de raspas de laranja finamente raladas
- 25 g de sementes de chia branca
- 120 g de puré de abóbora biológica
- 30 ml de óleo de coco derretido e resfriado
- 5ml de pasta de baunilha
- 30 ml de xarope de bordo puro

instruções:

a) Em uma tigela pequena, misture a farinha de linhaça moída e a água. Deixou de lado.

b) Em uma tigela média, misture o leite de amêndoa e o vinagre de maçã. Reserve por cinco minutos.

c) Combine a farinha de trigo sarraceno, a farinha de trigo, o fermento, as raspas de laranja e as sementes de chia em uma tigela grande separada.

d) Adicione o leite de amêndoa, purê de abóbora, óleo de coco, baunilha e xarope de bordo à mistura.

e) Misture tudo até formar uma massa lisa.

f) Em uma frigideira grande antiaderente, derreta a manteiga em fogo médio-alto. Pincele uma pequena quantidade de óleo de coco na frigideira.

g) Em uma frigideira, despeje 60ml de massa. Cozinhe por 1 minuto ou até formar bolhas na superfície da panqueca.

h) Usando uma espátula, levante e vire a panqueca delicadamente.

i) Cozinhe por mais 1 1/2 minutos.

8. Scones de morango

Faz 2

Ingredientes:

- 2 xícaras de farinha de aveia.
- 1/3 xícara de leite de amêndoas.
- 1 xícara de morangos.
- Um punhado de groselhas secas.
- 5 colheres de óleo de coco.
- 5 colheres de sopa de xarope de bordo.
- 1 colher de sopa de fermento em pó.
- 1 1/2 colheres de chá de extrato de baunilha.
- 1 colher de chá de canela.
- 1/2 colher de chá de cardamomo (opcional).
- Polvilhe de sal.

instruções:

a) Adicione o óleo de coco na farinha de aveia e misture com um garfo até formar uma massa quebradiça.

b) Adicione os pedaços de morango e as groselhas assim que esfriar e incorpore lentamente todos os ingredientes molhados.

c) Forme um círculo da massa em uma assadeira forrada com papel manteiga - deve ter cerca de 1 polegada de espessura.

d) Asse por 15-17 minutos depois de cortar em oito pedaços triangulares.

e) Sirva com geléia, mel ou manteiga de nozes para um tratamento especial!

9. Tofu de espinafre

Faz 1

Ingredientes:

Nata:

- 75 g de castanha de caju crua, demolhada durante a noite
- 30ml de suco de limão
- 5g de levedura nutricional
- 60 ml de água 1 boa pitada de sal

Recheio de tofu:

- 15ml de azeite
- 1 cebola pequena, em cubos
- 1 dente de alho, picado
- 400 tofu firme, prensado, esfarelado
- 1/2 colheres de chá de cominho moído
- 1/2 colheres de chá de curry em pó
- 1/2 colheres de chá de cúrcuma
- 2 tomates, em cubos
- 30 g de espinafre baby
- Sal, a gosto

Instruções:

a) Em um processador de alimentos, misture as castanhas de caju, suco de limão, levedura nutricional, água e sal.

b) Misture em alta por 5-6 minutos, ou até ficar homogêneo e reserve.

c) Em uma frigideira, aqueça o azeite para o tofu mexido.

d) Acrescente a cebola e cozinhe por 5 minutos em fogo médio-alto.

e) Adicione o alho e refogue por 1 minuto, mexendo sempre.

f) Misture o tofu esfarelado para revesti-lo com o óleo.

g) Adicione o cominho, curry e açafrão.

h) Adicione os tomates e cozinhe por 2 minutos.

i) Adicione o espinafre e cozinhe, mexendo sempre, por 1 minuto, ou até murchar completamente. Coloque o tofu mexido em uma travessa.

j) Sirva com uma colherada de creme de leite por cima.

10.   Mingau de quinoa de amaranto

Faz 1

Ingredientes:

- 85g de quinua
- 70g de amaranto.
- 460ml de água
- 115 ml de leite de soja sem açúcar
- 1/2 colheres de chá de pasta de baunilha
- 15 g de manteiga de amêndoa
- 30 ml de xarope de bordo puro
- 10 g de sementes de abóbora cruas
- 10 g de sementes de romã

instruções:

a) Misture a quinoa, amaranto e água em uma tigela.

b) Em fogo médio-alto, deixe ferver.

c) Reduza o fogo para baixo e cozinhe os grãos por 20 minutos, mexendo regularmente. Adicione o leite e o xarope de bordo.

d) Cozinhe por 6-7 minutos em fogo baixo. Retire do fogo e misture a manteiga de amêndoa e o extrato de baunilha.

e) Decore com sementes de romã e sementes de abóbora.

11.   Miso ramen

Ingredientes:

- 5 colheres de sopa de pasta de missô.
- 2 colheres de sopa de molho de soja.
- 2 1/2 cm de gengibre ralado.
- 12 cogumelos shitake.
- 225 g de tofu defumado, cortado em 4 pedaços.
- 2 colheres de sopa de amino líquido ou tamari.
- 250g de macarrão soba.
- 16 espigas de milho.
- 1 colher de sopa de óleo vegetal.
- 8 pak choi infantil.
- 200 g de broto de feijão pronto para consumo.
- 2 pimentões vermelhos, cortados em fatias finas em um ângulo.
- 2 cebolinhas, cuidadosamente cortadas em ângulo.
- 4 colheres de sopa de alga crocante.
- 2 colheres de sopa de sementes de gergelim preto.
- 1 colher de sopa de óleo de gergelim, para finalizar.

instruções:

a) Coloque o missô, 1,5 litros de água, molho de soja, gengibre e shiitake em uma panela grande. Mexa para misturar o missô e, em seguida, leve a uma fervura muito suave. Mantenha fervendo por 5 minutos.

b) Enquanto isso, posicione o tofu defumado em uma tigela rasa e despeje sobre o amino líquido. Vire os pedaços de tofu para garantir que eles estejam bem encharcados dos dois lados.

c) Leve ao fogo uma panela com água salgada. Adicione o macarrão soba, deixe ferver e cozinhe até ficar macio, cerca de 5 minutos.

d) Adicione o milho infantil ao caldo de missô e cozinhe por mais 4 minutos.

e) Aqueça o óleo em uma frigideira antiaderente em fogo alto. Coloque delicadamente o tofu na frigideira e cozinhe por 2-3 minutos de cada lado até dourar.

f) Assim que o macarrão estiver cozido, escorra-o em uma peneira e lave em água fria, depois divida entre 4 tigelas de servir. Inclua o pak choi no caldo de missô e se livre do calor.

12.   burrito de tofu

Ingredientes:

- 1 pacote de 12 onças de tofu firme ou extra-firme.
- 1 colher de chá de óleo (ou 1 colher de sopa (15 ml) de água).
- 3 dentes de alho (picados).
- 1 colher de sopa de homus (comprado em loja ou faça você mesmo).
- 1/2 colheres de chá de pimenta em pó.
- 1/2 colheres de chá de cominho.
- 1 colher de chá de fermento dietético.
- 1/4 colheres de chá de sal marinho.
- 1 pitada de pimenta caiena.
- 1/4 xícara de salsa picada.
- Legumes:

instruções:

a) Pré-aqueça o forno a 400 ° F (204 ° C) e forre uma assadeira com papel manteiga.

b) Adicione batatas e pimenta vermelha à assadeira, regue com óleo (ou água) e especiarias e misture. Asse por 15-22 minutos ou até ficar macio e um pouco dourado. Inclua couve nos últimos 5 minutos.

c) Enquanto isso, aqueça uma frigideira grande em fogo médio. Assim que estiver quente, inclua óleo (ou água), alho e tofu e refogue por 7-10 minutos, mexendo sempre, para dourar levemente.

d) Enquanto isso, em uma pequena tigela de mistura, inclua o homus, pimenta em pó, cominho, levedura nutricional, sal e pimenta de Caiena (opcional). Continue adicionando água até a formação de um molho derramável. Adicione a mistura de especiarias ao tofu e continue cozinhando em fogo médio até dourar levemente - 3-5 minutos.

e) Inclua porções generosas de legumes assados, tofu mexido, abacate, coentro e um pouco de salsa. Continue até que todas as guarnições acabem - cerca de 3-4 burritos grandes.

13. Barra de proteína vegana

Ingredientes:

- 1/3 xícara de amaranto (1 1/4 - 1 1/2 xícaras estouradas como o prato original está escrito).

- 3 colheres de sopa de baunilha ou pó de proteína vegana sem sabor.

- 1 1/2 - 2 colheres de sopa de xarope de bordo.

- 1 xícara de manteiga de amendoim ou amêndoa com sal cremosa.

- 2-3 colheres de sopa de chocolate vegano escuro derretido.

instruções:

a) Aqueça uma panela grande em fogo médio-alto. Adicione cerca de 2-3 colheres de sopa de amaranto de cada vez e cubra imediatamente.

b) Adicione manteiga de amendoim ou amêndoa e xarope de bordo a uma tigela média e mexa para integrar. Em seguida, adicione a proteína em pó e mexa.

c) Inclua amaranto estourado um pouco de cada vez até obter uma textura de "massa" solta. Mexa com uma colher de pau ou use as mãos para dispersar a mistura igualmente.

d) Transfira a mistura para a assadeira e pressione para formar uma camada uniforme. Coloque papel manteiga ou filme plástico no topo e utilize um objeto de fundo plano, como um copo medidor de líquido, para empurrar e embalar a mistura em uma camada uniforme e firmemente compactada.

e) Transfira para o freezer para definir por 10-15 minutos ou até ficar firme ao toque. Retire e corte em nove barras.

14. Panquecas de abóbora laranja

Ingredientes:

- 10 g de farinha de linhaça moída
- 45ml de água
- 235 ml de leite de soja sem açúcar
- 15ml de suco de limão
- 60 g de farinha de trigo sarraceno
- 60 g de farinha de trigo
- 8 g fermento em pó, sem alumínio
- 2 colheres de chá de raspas de laranja finamente raladas
- 25 g de sementes de chia branca
- 120 g de puré de abóbora biológica
- 30 ml de óleo de coco derretido e resfriado
- 5ml de pasta de baunilha
- 30 ml de xarope de bordo puro

instruções:

a) Combine farinha de linhaça moída com água em uma tigela pequena. Deixe de lado por 10 minutos. Misture o leite de amêndoa e o vinagre de cidra em uma tigela média. Deixe de lado por 5 minutos.

b) Em uma tigela grande separada, misture a farinha de trigo sarraceno, a farinha de trigo, o fermento, as raspas de laranja e as sementes de chia.

c) Despeje o leite de amêndoa, junto com o purê de abóbora, óleo de coco, baunilha e xarope de bordo.

d) Bata até obter uma massa lisa.

e) Aqueça uma frigideira antiaderente grande em fogo médio-alto. Pincele delicadamente a frigideira com um pouco de óleo de coco.

f) Despeje 60ml de massa na frigideira. Cozinhe a panqueca por 1 minuto, ou até que apareçam bolhas na superfície.

g) Levante a panqueca delicadamente com uma espátula e vire.

h) Cozinhe mais 1 1/2 minutos. Deslize a panqueca em um prato. Repita com a força restante.

15. Batata doce e frutas

Ingredientes:

- 1 cobertura de batata doce.
- 60 g de manteiga de amendoim orgânica.
- 30ml de xarope de bordo puro.
- 4 damascos secos, fatiados.
- 30 g de framboesas frescas.

instruções:

a) Descasque e corte a batata doce em rodelas de 1/2 cm de espessura.

b) Coloque as fatias de batata em uma torradeira em potência alta por 5 minutos. Brinde suas batatas-doces DUAS VEZES.

c) Disponha as fatias de batata-doce em um prato.

d) Espalhe a manteiga de amendoim sobre as fatias de batata-doce.

e) Regue o xarope de bordo sobre a manteiga. Cubra cada fatia com uma quantidade igual de damascos e framboesas fatiados. Servir.

16. Panquecas de abóbora

Esponja durante a noite:

- 1/4 xícara de fermento natural sem glúten.
- 1/4 xícara de purê de abóbora.
- 1/2 xícara de farinha de grão de bico (ou qualquer outra farinha sem glúten).
- 1/2 xícara de leite de amêndoas.
- 1-2 colheres de sopa de xarope de bordo.

Pela manhã:

- 1 ovo de linhaça (1 colher de sopa de linhaça moída + 3 colheres de sopa de água).
- 1 colher de chá de tempero de abóbora.
- 1 colher de chá de canela.
- 1/2 colher de chá de cúrcuma.
- 1/4 xícara de nibs de cacau cru (ou lascas de chocolate não-diárias).
- Um punhado de nozes fatiadas (opcional, mas extremamente aconselhada!).
- 1/2 colher de chá de bicarbonato de sódio.
- 1 colher de chá de fermento em pó.

instruções:

a) Na noite anterior ao preparo das panquecas, posicione os ingredientes da esponja durante a noite em uma tigela não reativa. Misture bem, cubra com filme plástico e deixe descansar durante a noite.

b) De manhã, antes de fazer as panquecas, adicione todos os outros ingredientes (exceto fermento em pó e bicarbonato de sódio) na esponja durante a noite. Mexa bem.

c) Aqueça uma frigideira antiaderente em fogo médio.

d) Adicione bicarbonato de sódio e fermento em pó à massa e misture-os cuidadosamente.

e) Coloque 1/4 de xícara da massa na panela para cada panqueca e frite até ver bolhas se formando na área da superfície das panquecas e as bordas secarem.

17. Scones de morango

Ingredientes:

- 2 xícaras de farinha de aveia.
- 1/3 xícara de leite de amêndoas.
- 1 xícara de morangos.
- Um punhado de groselhas secas.
- 5 colheres de óleo de coco.
- 5 colheres de sopa de xarope de bordo.
- 1 colher de sopa de fermento em pó.
- 1 1/2 colheres de chá de extrato de baunilha.
- 1 colher de chá de canela.

instruções:

a) Inclua o óleo de coco e com um cortador de massa ou garfo, corte e misture o óleo de coco na mistura de farinha de aveia até formar uma massa quebradiça. Assim que estiver frio, adicione os pedaços de morango, as groselhas e os ingredientes molhados.

b) Lentamente misture os componentes secos e molhados até combinados - atento para não misturar demais.

c) Em uma assadeira forrada com papel manteiga, forme um círculo fora da massa - deve ter a ver com 1 polegada de espessura. Corte em oito pedaços triangulares e leve ao forno por 15-17 minutos. Delicie-se com geleia, um fio de mel ou manteiga de nozes!

18.   Tofu de espinafre

Nata:

- 75 g de castanha de caju crua, demolhada durante a noite,
- 30ml de suco de limão,
- 5 g de levedura nutricional,
- 60 ml de água 1 boa pitada de sal,

Recheio de tofu:

- 15ml de azeite.
- 1 cebola pequena, em cubos.
- 1 dente de alho, picado.
- 400 tofu firme, prensado, desintegrado.
- 1/2 colher de chá de cominho moído.
- 1/2 colher de chá de curry em pó.
- 1/2 colher de chá de cúrcuma.
- 2 tomates, em cubos.
- 30 g de espinafre baby
- Sal, a gosto.

instruções:

a) Faça o creme azedo de caju; lave e escorra os cajus demolhados.

b) Coloque as castanhas de caju, suco de limão, levedura nutricional, água e sal em um processador de alimentos.

c) Misture em alta até ficar homogêneo, por 5-6 minutos.

d) Transfira para uma tigela e coloque de lado. Faça a mistura de tofu; aqueça o azeite em uma frigideira.

e) Adicione a cebola e cozinhe por 5 minutos em fogo médio-alto.

f) Adicione o alho e cozinhe mexendo, por 1 minuto.

g) Adicione o tofu desintegrado e mexa para revestir com óleo.

h) Adicione o cominho, curry e açafrão. Cozinhe o tofu por 2 minutos.

i) Adicione os tomates e cozinhe por 2 minutos.

j) Adicione o espinafre e cozinhe, mexendo até murchar completamente, cerca de 1 minuto. Transfira o mexido de tofu para o prato.

k) Cubra com um creme azedo e sirva.

19. Aveia chia durante a noite

Ingredientes:

- 470 ml de leite de soja gordo.
- 90 g de flocos de aveia à moda antiga.
- 40g de sementes de chia.
- 15 ml de xarope de bordo puro.
- 25 g de pistache triturado.
- Geleia de amora preta

instruções:

a) Faça a aveia; em uma tigela grande, misture o leite de soja, aveia, sementes de chia e xarope de bordo.

b) Cubra e refrigere durante a noite.

c) Faça a geleia; misture amoras, xarope de bordo e água em uma panela. Cozinhe em fogo médio por 10 minutos.

d) Adicione as sementes de chia e cozinhe as amoras por 10 minutos.

e) Retire do fogo e misture o suco de limão. Amasse as amoras com um garfo e deixe esfriar.

f) Montar; divida a aveia entre quatro tigelas.

g) Cubra com cada tigela de geléia de amora.

h) Polvilhe com pistache antes de servir.

20. Mingau de quinoa de amaranto

Ingredientes:

- 85g de quinua.
- 70g de amaranto.
- 460ml de água.
- 115 ml de leite de soja sem açúcar.
- 1/2 colher de chá de pasta de baunilha.
- 15g de manteiga de amêndoa.
- 30 ml de xarope de bordo puro.
- 10 g de sementes de abóbora cruas.
- 10 g de sementes de romã.

instruções:

a) Junte a quinoa, o amaranto e a água.

b) Levar a ferver a fogo médio alto.

c) Reduza o fogo e cozinhe os grãos, mexendo ocasionalmente, por 20 minutos. Misture o leite e o xarope de bordo.

d) Cozinhe por 6-7 minutos. Retire do fogo e misture a baunilha e a manteiga de amêndoa.

e) Deixe a mistura descansar por 5 minutos.

f) Divida o mingau entre duas tigelas.

g) Cubra com sementes de abóbora e sementes de romã.

21. Muffins de lentilha de cacau

Ingredientes:

- 195 g de lentilhas vermelhas cozidas.
- 50 ml de óleo de coco derretido.
- 45 ml de xarope de bordo puro.
- 60 ml de leite de amêndoa sem açúcar.
- 60ml de água.
- 60 g de cacau em pó cru.
- 120 g de farinha de trigo integral.
- 20g de farinha de amendoim.
- 10 g fermento em pó
- 70g de gotas de chocolate vegano.

instruções:

a) Pré-aqueça o forno a 200°C/400°F.

b) Coloque as lentilhas vermelhas cozidas em um liquidificador. Misture em alta até ficar homogêneo. Transfira o purê de lentilhas para uma tigela grande. Misture o óleo de coco, xarope de bordo, leite de amêndoa e água.

c) Em uma tigela separada, misture o cacau em pó, a farinha de trigo integral, a farinha de amendoim e o fermento.

d) Dobre os ingredientes líquidos e mexa até combinar.

e) Adicione as gotas de chocolate e mexa até incorporar.

f) Divida a massa entre 12 forminhas de papel.

g) Asse os muffins por 15 minutos.

22. Crepes de grão de bico com cogumelos

Ingredientes

Crepes:

- 140 g de farinha de grão de bico.
- 30g de farinha de amendoim.
- 5g de levedura nutricional.
- 5g de caril em pó.
- 350ml de água.
- Sal, a gosto.

O preenchimento:

- 10ml de azeite.
- 4 tampas de cogumelos Portobello, em fatias finas.
- 1 cebola, em fatias finas.
- 30 g de espinafre baby.
- Sal e pimenta a gosto.
- Maionese vegana:

instruções:

a) Faça a maionese

b) Bata com um mixer de mão por 30 segundos.

c) Coloque a batedeira na velocidade mais alta. Regue com o óleo de abacate e bata por 10 minutos ou até obter uma mistura que lembra maionese.

d) Tempere com sal e leve à geladeira por 1 hora.

e) Faça os crepes; misture a farinha de grão de bico, farinha de amendoim, levedura nutricional, curry em pó, água e sal a gosto em um liquidificador de alimentos.

f) Aqueça uma frigideira antiaderente grande em fogo médio-alto. Pulverize a frigideira com um pouco de óleo de cozinha.

g) Despeje 1/4 xícara da massa na frigideira e com um movimento de redemoinho distribua a massa por todo o fundo da frigideira.

h) Cozinhe o crepe por 1 minuto de cada lado. Deslize o crepe em um prato e mantenha aquecido.

i) Faça o recheio; aqueça o azeite em uma frigideira em fogo médio-alto.

j) Adicione os cogumelos e a cebola e cozinhe por 6-8 minutos.

k) Adicione o espinafre e misture até murchar, por 1 minuto.

l) Tempere com sal e pimenta e transfira para uma tigela grande.

m) Dobre na maionese vegana preparada.

23. Torradas de batata doce

Ingredientes:

- 2 batatas-doces grandes cortadas em rodelas.
- Fatias de 1/4 de polegada de espessura.
- 1 colher de sopa de óleo de abacate.
- 1 colher de chá de sal 1/2 xícara de guacamole.
- 1/2 xícara de tomate, fatiado.

instruções:

a) Pré-aqueça o forno a 425 ° F.
b) Cubra uma assadeira com papel manteiga.
c) Esfregue as fatias de batata com óleo e sal e coloque-as em uma assadeira. Asse por 5 minutos no forno, depois vire e asse novamente por 5 minutos.
d) Cubra as fatias assadas com guacamole e tomates.

LANCHES

24. Lanche de proteína verde

Ingredientes:

- 8 onças. feijão edamame, congelado.
- 8 onças. ervilhas, congeladas.
- 4 colheres de sopa de sementes de gergelim.
- 4 colheres de sopa de molho de soja (baixo teor de sódio).
- Molho de pimenta a gosto, a gosto.
- Coentro, opcional.

instruções:

a) Coloque as ervilhas congeladas e o edamame em uma tigela que possa ir ao micro-ondas. Inclua um pouco de água e descongele no micro-ondas por cerca de 30 segundos para que atinja a temperatura ambiente.

b) Em um pequeno recipiente, panela ou recipiente, coloque as sementes junto com as ervilhas e os feijões.

c) Misture o molho de soja, pimenta e coentro antes de comer. Aproveitar!

25. Bolinhos de quinua

Ingredientes:

- 1 1/2 xícaras de quinoa preparada.
- 2 ovos batidos.
- 1/2 xícara de purê de batata doce.
- 1/2 xícara de feijão preto.
- 1 colher de sopa de coentro picado.
- 1 colher de chá de cominho.
- 1 colher de chá de páprica.
- 1/2 colheres de chá de alho em pó.
- 1/2 colheres de chá de sal.
- 1/8 colheres de chá de pimenta preta.
- Spray para cozinhar.

instruções:

a) Pré-aqueça o forno a 350 ° F. adicione todos os ingredientes em uma tigela grande e misture até que tudo esteja integrado.

b) Despeje a mistura nas forminhas de muffins com uma colher de sopa e dê um tapinha no topo de cada uma. Asse até ficar cozido e segurando juntos cerca de 15-20 minutos.

26. Barras de proteína vegana

Ingredientes:

- 1/3 xícara de amaranto.
- 3 colheres de sopa de baunilha ou pó de proteína vegana sem sabor.
- 1 1/2-2 colheres de sopa de xarope de bordo.
- (Se delicado para nozes), 1 xícara de amendoim salgado aveludado ou manteiga de amêndoa (ou manteiga de sol).
- 2-3 colheres de sopa de chocolate vegano escuro derretido.

instruções:

a) Adicione a manteiga de amendoim ou amêndoa e o xarope de bordo a uma tigela média e mexa. Adicione a proteína em pó e mexa.

b) Inclua amaranto estourado um pouco de cada vez até obter uma textura de "massa" solta.

c) Transfira a mistura para a assadeira e pressione para formar uma camada uniforme. Coloque papel manteiga ou filme plástico por cima e utilize coisas de fundo plano, como um copo medidor de líquido, para pressionar e carregar a mistura em uma camada uniforme e fortemente compactada.

d) Transfira para o freezer para definir por 10-15 minutos ou até companhia ao toque. Em seguida, levante e corte em 9 barras.

e) Estes ficam um pouco moles ao nível da temperatura ambiente, por isso guarde no frigorífico ou no congelador.

27. Picadas de energia PB e J

Ingredientes:

- 1/2 xícara de manteiga de amendoim salgada aveludada.
- 1/4 xícara de xarope de bordo.
- 2 colheres de sopa de proteína vegana em pó.
- 1 1/4 xícara de aveia em flocos sem glúten.
- 2 1/2 colheres de sopa de farinha de linhaça.
- 2 colheres de sopa de sementes de chia.
- 1/4 xícara de frutas secas.

instruções:

a) Em uma tigela grande, inclua manteiga de amendoim, xarope de bordo e proteína em pó, aveia em flocos, farinha de linhaça, sementes de chia e frutas secas de opção. Se estiver muito seco / quebradiço, inclua mais manteiga de amendoim ou xarope de bordo.

b) Leve à geladeira por 5 minutos. Retire 1 1/2 colheres de sopa e enrole em bolas. A "massa" deve render cerca de 13-14 bolas.

c) Delicie-se de imediato e guarde as sobras bem fechadas no frigorífico durante 1 semana ou no congelador cerca de 1 mês.

28. Homus de cenoura assada

Ingredientes:

- 1 lata de grão de bico, lavado e escorrido.
- 3 cenouras.
- 1 dente de alho.
- 1 colher de chá de páprica.
- 1 colher de sopa cheia de tahine.
- O suco de 1 limão
- 2 colheres de sopa de azeite virgem adicional.
- 6 colheres de água.
- 1/2 colher de chá de cominho em pó.

- Sal a gosto.

instruções:

a) Pré-aqueça o forno a 400° F. Lave e descasque as cenouras e corte-as em pedacinhos, coloque-as em uma assadeira com um fio de azeite, uma pitada de sal e meia colher de chá de páprica. Asse por cerca de 35 minutos até a cenoura ficar macia.

b) Retire-os do forno e deixe esfriar.

c) Enquanto arrefecem, prepare o húmus: lave e escorra bem o grão-de-bico e coloque-o num moinho de alimentos com o resto dos ingredientes ativos e processe até ver uma mistura bem combinada. Em seguida, acrescente as cenouras e o alho e proceda novamente!

29.   Barra de quinoa recheada

Ingredientes:

- 3 colheres de óleo de coco.
- 1/2 xícara de cacau em pó cru.
- 1/3 xícara de xarope de bordo.
- 1 colher de sopa de tahine
- 1 colher de chá de canela.
- 1 colher de chá de baunilha em pó.
- Sal marinho.

instruções:

a) Em uma panela pequena em fogo médio-baixo, derreta o óleo de coco, cacau cru, tahine, canela, maple sea, xarope e sal de baunilha juntos até que fique uma mistura de chocolate mais espessa.

b) Coloque a calda de chocolate sobre a quinoa estourada e misture bem. Coloque uma colher grande de biscoitos de chocolate em pequenas forminhas.

c) Leve ao freezer por no mínimo 20 minutos para endurecer. Guarde no freezer e delicie-se!

30. Biscoitos com gotas de chocolate

Ingredientes:

- 2 xícaras de farinha sem glúten para todos os fins.
- 1 colher de chá de bicarbonato de sódio.
- 1 colher de chá de sal marinho.
- 1/4 xícara de iogurte vegano.
- 7 colheres de sopa de manteiga vegana.
- 3 colheres de sopa de manteiga de caju
- 1 1/4 xícara de açúcar de coco.
- 2 ovos de chia.
- Barra de chocolate escuro

instruções:

a) Pré-aqueça o forno a 375 ° F

b) Em uma tigela de tamanho médio, misture a farinha sem glúten, o sal e o bicarbonato de sódio. Reserve enquanto derrete a manteiga.

c) Inclua a manteiga, o iogurte, a manteiga de caju, o açúcar de coco em uma tigela e, usando uma batedeira ou batedeira, bata por alguns minutos até ficar homogêneo.

d) Inclua os ovos de chia e misture bem.

e) Inclua a farinha na mistura de ovos de chia e bata em velocidade baixa até ficar integrada.

f) Dobre os pedaços de chocolate.

g) Leve a massa à geladeira para firmar por 30 minutos.

h) Retire a massa da geladeira e deixe chegar à temperatura ambiente, cerca de 10 minutos, e forre uma assadeira com papel manteiga.

i) Usando as mãos, coloque 1 1/2 colher de sopa de massa de biscoito no papel manteiga. Deixe um pouco de espaço entre cada biscoito.

j) Asse os biscoitos por 9-11 minutos. Deleitar-se em!

31. Molho de edamame sem casca

Ingredientes:

- 1/2 xícara de cebola roxa fatiada.
- Suco de 1 limão.
- Sal marinho.
- Um punhado de coentro.
- Tomates picados (opcional).
- Flocos de pimenta.

instruções:

a) Basta pulsar a cebola no liquidificador por alguns segundos. Em seguida, adicione o restante dos ingredientes ativos e pulse até que o edamame seja misturado em grandes porções.

b) Delicie-se com uma torrada, para um sanduíche, como um mergulho ou como um molho pesto!

32. Taças de caju matcha

Ingredientes:

- 2/3 xícara de manteiga de cacau.
- 3/4 xícara de cacau em pó.
- 1/3 xícara de xarope de bordo.
- 1/2 xícara de manteiga de caju, ou qualquer outra que você goste.
- 2 colheres de chá matcha em pó.
- Sal marinho.

instruções:

a) Encha uma pequena panela com 1/3 xícara de água e coloque uma tigela em cima, cobrindo a panela. Quando a tigela estiver quente, derreta a manteiga de cacau dentro da tigela. Depois de derretido, retire do fogo e misture o xarope de bordo e o cacau em pó por alguns minutos até o chocolate engrossar.

b) Usando um suporte de cupcake de tamanho médio, preencha a camada inferior com uma colher de sopa generosa da mistura de chocolate.

c) Congele por 15 minutos para firmar.

d) Retire o chocolate congelado do freezer e coloque 1 colher de sopa da massa de matcha/manteiga de caju em cima da camada de chocolate congelado.

e) Polvilhe com sal marinho e deixe descansar no freezer por 15 minutos.

33. Fatias de choco de grão de bico

Ingredientes:

- 400 g de grão de bico pode, lavado, escorrido.
- 250 g de manteiga de amêndoa.
- 70ml de xarope de bordo.
- 15ml de pasta de baunilha.
- 1 pitada de sal.
- 2g de fermento em pó.
- 2g de bicarbonato de sódio.
- 40g de gotas de chocolate vegano.

instruções:

a) Pré-aqueça o forno a 180°C/350°F.

b) Unte uma assadeira grande com óleo de coco.

c) Combine grão de bico, manteiga de amêndoa, xarope de bordo, baunilha, sal, fermento em pó e bicarbonato de sódio em um liquidificador.

d) Misture até ficar homogêneo. Misture metade das gotas de chocolate e espalhe a massa na assadeira preparada.

e) Polvilhe com as pepitas de chocolate reservadas.

f) Asse por 45-50 minutos ou até que um palito inserido saia limpo.

g) Deixe esfriar em uma gradinha por 20 minutos. Fatie e sirva.

34. Biscoitos verdes doces

Ingredientes:

- 165 g de ervilhas verdes.
- 80 g de tâmaras medjool picadas.
- 60 g de tofu sedoso, amassado.
- 100 g de farinha de amêndoa.
- 1 colher de chá de fermento em pó.
- 12 amêndoas.

instruções:

a) Pré-aqueça o forno a 180°C/350°F.
b) Combine ervilhas e tâmaras em um processador de alimentos.
c) Processe até formar uma pasta grossa.
d) Transfira a mistura de ervilhas para uma tigela. Junte o tofu, a farinha de amêndoas e o fermento. Molde a mistura em 12 bolas.
e) Arrume as bolinhas na assadeira, forrada com papel manteiga. Achate cada bola com palma untada com óleo.
f) Insira uma amêndoa em cada biscoito. Asse os biscoitos por 25-30 minutos ou até dourar levemente.
g) Deixe esfriar sobre uma gradinha antes de servir.

35. Barras de banana

Ingredientes:

- 130 g de manteiga de amendoim lisa.
- 60ml de xarope de bordo.
- 1 banana amassada.
- 45ml de água.
- 15 g de linhaça moída.
- 95g de quinoa cozida.
- 25g de sementes de chia.
- 5ml de baunilha.
- 90 g de aveia de cozedura rápida.
- 55g de farinha de trigo integral.
- 5g de fermento em pó.
- 5g de canela.
- 1 pitada de sal.

Cobertura:

- 5ml de óleo de coco derretido.
- 30 g de chocolate vegano picado.

instruções:

a) Pré-aqueça o forno a 180°C/350°F.
b) Forre uma assadeira de 16 cm com papel manteiga.

c) Combine sementes de linhaça e água em uma tigela pequena. Deixe de lado 10 minutos.

d) Em uma tigela separada, misture a manteiga de amendoim, o xarope de bordo e a banana. Junte a mistura de sementes de linhaça.

e) Depois de obter uma mistura homogênea, misture a quinoa, as sementes de chia, o extrato de baunilha, a aveia, a farinha de trigo integral, o fermento, a canela e o sal.

f) Despeje a massa na assadeira preparada. Corte em 8 barras.

g) Asse as barras por 30 minutos.

h) Enquanto isso, faça a cobertura; misture o chocolate e o óleo de coco em uma tigela resistente ao calor. Coloque em água fervente, até derreter.

i) Retire as barras do forno. Coloque em uma gradinha por 15 minutos para esfriar. Retire as barras da assadeira e regue com cobertura de chocolate. Servir.

36.   Rosquinhas de proteína

Ingredientes:

- 85g de farinha de coco.
- 110 g de proteína de arroz integral germinada sabor baunilha.
- 25g de farinha de amêndoa.
- 50g de açúcar mascavo.
- 30 ml de óleo de coco derretido.
- 8g de fermento em pó.
- 115ml de leite de soja.
- 1/2 colheres de chá de vinagre de maçã.
- 1/2 colher de chá de pasta de baunilha.
- 1/2 colheres de chá de canela.
- 30ml de molho de maçã orgânico.
- 30g de açúcar de coco em pó.
- 10g de canela.

instruções:

a) Em uma tigela, misture todos os ingredientes secos.

b) Em uma tigela separada, bata o leite com molho de maçã, óleo de coco e vinagre de cidra.

c) Dobre os ingredientes molhados em secos e mexa até misturar bem.

d) Aqueça o forno a 180° C/350° F e unte uma forma de rosquinha de 10 furos.

e) Despeje a massa preparada em uma assadeira untada com manteiga.

f) Asse os donuts por 15-20 minutos.

g) Enquanto os donuts ainda estão quentes, polvilhe com açúcar de coco e canela. Sirva quente.

37. Bolinhos de amêndoa

Ingredientes:

- 100 g de farinha de amêndoa.
- 60 g de proteína de arroz sabor baunilha.
- 80 g de manteiga de amêndoa ou qualquer manteiga de nozes.
- 10 gotas de estévia.
- 15ml de óleo de coco.
- 15g de creme de coco.
- 40g de gotas de chocolate vegano.

instruções:

a) Combine farinha de amêndoa e proteína em pó em uma tigela grande.

b) Junte a manteiga de amêndoa, a Stevia, o óleo de coco e o creme de coco.

c) Se a mistura estiver muito quebradiça, adicione um pouco de água. Junte o chocolate picado e mexa até incorporar.

d) Molde a mistura em 16 bolas.

e) Você também pode rolar as bolas em farinha de amêndoa.

38. Tofu de mel com gergelim

Ingredientes:

- 12 onças de tofu extra-firme, escorrido e seco.
- Óleo ou spray de cozinha.
- 2 colheres de sopa de molho de soja com baixo teor de sódio ou tamari.
- 3 dentes de alho, picados.
- 1 colher de mel.
- 1 colher de sopa de gengibre fresco descascado ralado.
- 1 colher de chá de óleo de gergelim torrado.
- 1 libra de feijão verde, aparado.
- 2 colheres de azeite de oliva.
- 1/4 colher de chá de flocos de pimenta vermelha (opcional).
- Sal Kosher.
- Pimenta preta recém-moída.
- 1 cebolinha média, cortada em fatias bem finas.
- 1/4 colheres de chá de sementes de gergelim.

instruções:

a) Reserve por 10 a 30 minutos. Misture o molho de soja ou tamari, alho, mel, gengibre e óleo de gergelim juntos em uma tigela grande; deixou de lado.

b) Corte o tofu em triângulos e coloque em uma única camada em uma metade da assadeira preparada. Regue com a mistura de molho de soja. Asse até dourar no fundo, 12 a 13 minutos.

c) Vire o tofu. Coloque o feijão verde em uma única camada na outra metade da assadeira. Regue com o azeite e pulverize com os flocos de pimenta vermelha; Tempere com sal e pimenta.

d) Retorne ao forno e asse até que o tofu esteja dourado no 2º lado, 10 a 12 minutos a mais. Polvilhe com a cebolinha e as sementes de gergelim e sirva imediatamente.

39. Bombas de gordura de manteiga de amendoim

Faz 8

Ingredientes

- 1/2 xícara de óleo de coco
- 1/4 xícara de cacau em pó
- 2 colheres de sopa de manteiga de amendoim em pó
- 2 colheres de sopa de sementes de cânhamo sem casca
- 2 colheres de sopa de creme de leite vegano
- 1 colher de chá de extrato de baunilha
- 28 gotas de estévia líquida
- 1/4 xícara de coco ralado sem açúcar

instruções

a) Misture todos os ingredientes secos com o óleo de coco em uma tigela.

b) Misture o creme de leite, o extrato de baunilha e a estévia líquida.

c) Em um prato, meça o coco ralado sem açúcar.

d) Com as mãos, abra as bolinhas e passe no coco ralado sem açúcar.

e) Coloque em uma assadeira forrada com papel manteiga. Reserve por cerca de 15 minutos no freezer.

40. Barras de bomba de gordura de maple pecan

Faz 12

Ingredientes

- 2 xícaras de metades de noz-pecã
- 1 xícara de Farinha de Amêndoas
- 1/2 xícara de farinha de linhaça dourada
- 1/2 xícara de coco ralado sem açúcar
- 1/2 xícara de óleo de coco
- 1/4 xícara de xarope de bordo
- 1/4 colher de chá de estévia líquida

instruções

a) Pré-aqueça o forno a 350 °F e asse as metades do pelicano por 5 minutos.

b) Retire as nozes do forno e coloque-as em um saco plástico. Esmague-os com um rolo para fazer pedaços.

c) Em uma tigela, misture os ingredientes secos: Farinha de Amêndoas, Farinha de Linhaça Dourada, Coco Ralado e as nozes picadas.

d) Adicione o xarope de bordo de óleo de coco e a estévia líquida. Combine todos os ingredientes em uma tigela grande até formar uma massa quebradiça.

e) Coloque a massa em uma assadeira e pressione-a para baixo.

f) Asse por 15 minutos a 350F, ou até que os lados estejam levemente dourados.

g) Com uma espátula, corte em 12 fatias e sirva.

41. Aperitivos de couve-flor

Faz 8

Ingredientes

- 14 onças. Floretes de couve-flor, picados
- 3 talos médios de cebolinha
- 3 onças. Cheddar branco ralado
- 1/2 xícara de farinha de amêndoas
- 1/2 colheres de chá de sal
- 3/4 colheres de chá de pimenta
- 1/2 colher de chá de flocos de pimenta vermelha
- 1/2 colheres de chá de estragão, seco
- 1/4 colheres de chá de alho em pó
- 3 colheres de sopa de azeite
- 2 colheres de chá de sementes de chia

instruções

a) Pré-aqueça o forno a 400 graus Fahrenheit.

b) Em um saco plástico, misture os floretes de couve-flor, azeite, sal e pimenta. Agite vigorosamente até que a couve-flor esteja uniformemente revestida.

c) Despeje os floretes de couve-flor em uma assadeira forrada com papel alumínio. Asse por 5 minutos depois disso.

d) Adicione a couve-flor assada a um processador de alimentos e pulse algumas vezes para quebrá-la.

e) Em uma tigela, misture todos os ingredientes (farinha de amêndoa) até formar uma mistura pegajosa.

f) Faça rissóis com a mistura de couve-flor e cubra-os com farinha de amêndoa.

g) Asse a 400 °F por 15 minutos, ou até que o exterior esteja mais crocante.

h) Retire do forno, deixe esfriar um pouco antes de servir!

42. Copos de Pizza Seitan

Faz 2

Ingredientes

- 1 onças. queijo creme gordo
- 1 1/2 xícaras de queijo mussarela de leite integral
- 1 ovo grande, batido
- 1 xícara de farinha de amêndoa
- 2 colheres de farinha de coco
- 1/3 xícara de molho de pizza
- 1/3 xícara de queijo cheddar ralado
- 1/2 pacote seitan ou cerca de 4 onças, em cubos

instruções

a) Pré-aqueça o forno a 400 ° F.

b) Combine o cream cheese e a mussarela em uma tigela grande para micro-ondas e leve ao micro-ondas por 1 minuto, mexendo várias vezes.

c) Adicione o ovo batido e as duas farinhas e mexa rapidamente até formar uma bola. Amasse com a mão até ficar levemente pegajoso.

d) Divida a massa em 8 pedaços. Coloque um pedaço entre duas folhas de papel manteiga untado e abra com um rolo.

e) Pressione cada pedaço de massa em formas de muffin untadas para formar pequenos copos de massa.

f) Asse por 15 minutos ou até dourar.

g) Retire do forno e polvilhe cada um com molho de pizza, cheddar e seitan. Volte ao forno por cinco minutos até que o queijo derreta.

h) Retire das forminhas de muffin e sirva.

43. Seitan grelhado e espetinhos de legumes

Rende 4 porções

Ingredientes

- 1/3 xícara de vinagre balsâmico
- 2 colheres de azeite
- 1 colher de sopa de orégano fresco
- 2 dentes de alho, picados
- 1/2 colher de chá de sal
- 1/4 colher de chá de pimenta preta moída na hora
- Seitan de 1 libra, cortado em cubos de 1 polegada
- 7 onças de cogumelos brancos pequenos
- 2 abobrinhas pequenas, cortadas em pedaços de 1 polegada
- 1 pimentão amarelo médio, cortado em quadrados
- Tomates cereja maduros

Direção

a) Prepare a grelha.

b) Combine o vinagre, óleo, orégano, tomilho, alho, sal e pimenta preta em uma tigela média. Vire para cobrir o seitan, os cogumelos, a abobrinha, o pimentão e os tomates.

c) Deixe marinar por 30 minutos em temperatura ambiente, virando de vez em quando.

d) Escorra e reserve o seitan e os legumes, assim como a marinada.

e) Monte os espetos com o seitan, os cogumelos e os tomates.

f) Coloque os espetos em uma grelha quente e cozinhe por cerca de 10 minutos, virando uma vez na metade da grelha.

g) Regue uma pequena quantidade da marinada reservada por cima e sirva imediatamente.

44.   Bolinhos de quinua

Faz 4

Ingredientes:

- 1 1/2 xícaras de quinoa preparada
- 2 ovos, batidos
- 1/2 xícara de purê de batata doce
- 1/2 xícara de feijão preto
- 1 colheres de sopa de coentro picado
- 1 colheres de chá de cominho
- 1 colher de chá de páprica
- 1/2 colheres de chá de alho em pó
- 1/2 colheres de chá de sal
- 1/8 colheres de chá de pimenta preta
- Spray para cozinhar

instruções:

a) Pré-aqueça o forno a 350 graus Fahrenheit.

b) Em uma tigela grande, misture todos os ingredientes e mexa até ficar bem combinado.

c) Usando uma colher de sopa, coloque a mistura nas formas de muffins e dê um tapinha no topo de cada uma.

d) Asse por 15-20 minutos, ou até que esteja cozido e firme.

45. Picadas de energia PB e J

Faz 13-14 bolas

Ingredientes:

- 1/2 xícara de manteiga de amendoim salgada aveludada
- 1/4 xícara de xarope de bordo
- 2 colheres de sopa de proteína vegana em pó
- 1 1/4 xícara de aveia em flocos sem glúten
- 2 1/2 colheres de sopa de farinha de linhaça
- 2 colheres de sopa de sementes de chia
- 1/4 xícara de frutas secas

instruções:

a) Combine manteiga de amendoim, xarope de bordo, proteína em pó, aveia em flocos, farinha de linhaça, sementes de chia e frutas secas de sua escolha em um prato grande.

b) Se a mistura estiver muito seca ou quebradiça, adicione mais manteiga de amendoim ou xarope de bordo.

c) Resfrie por 5 minutos na geladeira. Colher 1 1/2 colher de sopa e enrole em bolas A "massa" deve fazer cerca de 13-14 bolas.

d) Aproveite imediatamente e guarde as sobras em um recipiente hermético na geladeira por até uma semana ou no freezer por até um mês.

46. Homus de cenoura assada

Faz 2

Ingredientes:

- 1 lata de grão de bico, lavado e escorrido
- 3 cenouras
- 1 dente de alho
- 1 colher de chá de páprica
- 1 colher de sopa cheia de tahine
- O suco de 1 limão
- 2 colheres de sopa de azeite virgem adicional
- 6 colheres de água
- 1/2 colheres de chá de cominho em pó
- Sal a gosto

instruções:

a) Pré-aqueça o forno a 400 graus Fahrenheit.
b) Lave e descasque as cenouras, pique-as em pedacinhos e coloque-as em uma assadeira com azeite, uma pitada de sal e meia colher de chá de páprica.
c) Asse por 35 minutos, ou até as cenouras ficarem macias.
d) Retire-os do forno e deixe-os arrefecer.
e) Prepare o húmus enquanto arrefecem: lave e escorra bem o grão-de-bico antes de os colocar num moinho de alimentos

com o resto dos componentes ativos. Processe até obter uma mistura bem combinada.

f) Depois disso, adicione as cenouras e o alho e repita o procedimento!

47. Taças de caju matcha

Faz 6

Ingredientes:

- 2/3 xícara de manteiga de cacau, derretida
- 3/4 xícara de cacau em pó
- 1/3 xícara de xarope de bordo
- 1/2 xícara de manteiga de caju
- 2 colheres de chá matcha em pó
- Sal marinho

instruções:

a) Em uma tigela, derreta a manteiga de cacau e misture o xarope de bordo e o cacau em pó.

b) Em um suporte de cupcake de tamanho médio, coloque uma boa colher de sopa da mistura de chocolate na camada inferior.

c) Coloque os suportes de cupcake no freezer por 15 minutos para solidificar.

d) Retire a camada de chocolate congelado do freezer e coloque 1 colher de massa de matcha/manteiga de caju por cima.

e) Assim que isso for concluído, despeje o chocolate derretido restante sobre cada gota, cobrindo tudo.

f) Polvilhe com o sal marinho.

g) Leve ao congelador por 15 minutos.

48. Tofu de mel com gergelim

Faz 12

Ingredientes:

- 12 onças de tofu firme, escorrido e seco
- Óleo ou spray de cozinha
- 2 colheres de sopa de molho de soja com baixo teor de sódio
- 3 dentes de alho, picados
- 1 colheres de mel
- 1 colher de sopa de gengibre fresco descascado ralado
- 1 colher de chá de óleo de gergelim torrado
- 1 libra de feijão verde, aparado
- 2 colheres de azeite
- 1/4 colheres de chá de flocos de pimenta vermelha (opcional)
- sal Kosher
- Pimenta preta recém-moída
- 1 cebolinha média, em fatias bem finas
- 1/4 colheres de chá de sementes de gergelim

instruções:

a) Em uma tigela grande, misture o molho de soja, alho, mel, gengibre e óleo de gergelim; ponha de lado.

b) Corte o tofu em triângulos e disponha em uma única camada em um lado da assadeira que foi preparada.

c) Despeje a mistura de molho de soja por cima.

d) Asse por 12 a 13 minutos, ou até dourar no fundo.

e) Mova o tofu ao redor.

f) Na outra metade da assadeira, disponha o feijão verde em uma única camada. Tempere com sal e pimenta depois de regar com azeite e pulverizar com flocos de pimenta vermelha.

g) Retorne ao forno e asse por mais 10 a 12 minutos, ou até que o tofu esteja dourado no segundo lado.

h) Sirva imediatamente com uma pitada de cebolinha e sementes de gergelim.

PRATO PRINCIPAL

49. Caçarola de hambúrguer de shiitake e queijo

Rende 6 porções

Ingredientes

- 1 libra de seitan moído
- 4 onças. Cogumelos Shiitake, fatiados
- 1/2 xícara de farinha de amêndoas
- 3 xícaras de couve-flor picada
- 1 colher de sopa de sementes de chia
- 1/2 colheres de chá de alho em pó
- 1/2 colheres de chá de cebola em pó
- 2 colheres de sopa de açúcar reduzido
- Ketchup
- 1 colher de sopa de mostarda dijon
- 2 colheres de maionese
- 4 onças. Queijo cheddar
- Sal e pimenta a gosto

instruções

a) Pré-aqueça o forno a 350 graus Fahrenheit.
b) Em uma tigela grande, misture todos os ingredientes e metade do queijo cheddar.

c) Despeje a mistura em uma assadeira 9x9 forrada com papel manteiga. Em seguida, polvilhe a metade restante do queijo cheddar por cima.

d) Asse por 20 minutos na grade superior.

e) Sirva com coberturas adicionais após fatiar.

50. Caçarola de Jambalaya Assada

Rende 4 porções

Ingredientes

- 10 onças de tempeh
- 2 colheres de azeite
- 1 cebola amarela média, picada
- 1 pimentão verde médio, picado
- 2 dentes de alho, picados
- 1 (28 onças) lata de tomate em cubos, não drenado
- 1/2 xícara de arroz branco
- 1 1/2 xícaras de caldo de legumes
- 1 1/2 xícaras cozidas ou 1 lata (15,5 onças) de feijão vermelho escuro, escorrido e enxaguado
- 1 colher de sopa de salsa fresca picada
- 11/2 colheres de chá de tempero cajun
- 1 colher de chá de tomilho seco
- 1/2 colher de chá de sal
- 1/4 colher de chá de pimenta preta moída na hora

instruções

a) Pré-aqueça o forno a 350 graus Fahrenheit.

b) Cozinhe o tempeh por 30 minutos em uma panela média com água fervente. Escorra a água e seque. Corte em cubos de 1,2 cm.

c) Aqueça 1 colher de sopa de óleo em uma frigideira grande em fogo médio. Cozinhe o tempeh por 8 minutos ou até dourar dos dois lados. Coloque o tempeh em uma assadeira de 9 x 13 polegadas para esfriar.

d) Aqueça a 1 colher de sopa de óleo restante na mesma frigideira em fogo médio. Misture a cebola, o pimentão e o alho em uma tigela. Cozinhe, tampado, por cerca de 7 minutos, ou até que os legumes estejam macios.

e) Jogue a mistura de vegetais com o tempeh na assadeira.

f) Adicione os tomates, líquido, arroz, caldo, feijão, salsa, tempero Cajun, tomilho, sal e pimenta preta. Misture bem, cubra bem e leve ao forno por 1 hora, ou até que o arroz esteja macio. Sirva imediatamente.

51. Massa recheada com berinjela e tempeh

Rende 4 porções

Ingredientes

- 8 onças tempeh
- 1 berinjela média
- 12 conchas grandes de macarrão
- 1 dente de alho, amassado
- 1/4 colher de chá de pimenta caiena
- Sal e pimenta preta moída na hora
- Migalhas de pão secas sem tempero
- 3 xícaras de molho marinara

instruções

a) Pré-aqueça o forno a 450 graus Fahrenheit.

b) Cozinhe o tempeh por 30 minutos em uma panela média com água fervente. Escorra a água e deixe esfriar.

c) Pique a berinjela com um garfo e leve ao forno até ficar macia, cerca de 45 minutos em uma assadeira levemente untada.

d) Cozinhe as cascas do macarrão em uma panela de água fervente com sal até ficar al dente, cerca de 7 minutos, enquanto a berinjela está assando. Escorra a água e lave-o em água fria.

e) Retire a berinjela do forno, corte-a ao meio no sentido do comprimento e escorra o líquido.

f) Reduza a temperatura do forno para 350 graus Fahrenheit.

g) Processe o alho em um processador de alimentos até que esteja bem triturado. Pulse no tempeh até que esteja grosseiramente moído.

h) Raspe a polpa da berinjela da casca e misture-a com o tempeh e o alho em um processador de alimentos. Misture a pimenta de Caiena, tempere a gosto com sal e pimenta e pulse para misturar. Adicione algumas migalhas de pão se o recheio estiver muito solto.

i) Na assadeira preparada, espalhe uma camada de molho de tomate no fundo. Encha as conchas com o recheio até ficarem completamente cheias.

j) Despeje o molho restante sobre e ao redor das conchas e, em seguida, coloque-as em cima do molho.

k) Cubra com papel alumínio e leve ao forno por 30 minutos.

l) Destampe, polvilhe com parmesão e leve ao forno por mais 10 minutos. Sirva imediatamente.

52. Coalhada de feijão com molho de feijão e macarrão

Faz 4

Ingredientes

- 8 onças de macarrão fresco estilo Pequim
- 1 bloco de 12 onças de tofu firme
- 3 talos grandes de bok choy E 2 cebolinhas verdes
- ⅓ xícara de molho de soja escuro
- 2 colheres de sopa de molho de feijão preto
- 2 colheres de chá de vinho de arroz chinês ou xerez seco
- 2 colheres de chá de vinagre de arroz preto
- ¼ colher de chá de sal
- ¼ colher de chá de pasta de pimenta com alho
- 1 colher de chá de óleo de pimenta quente
- ¼ colher de chá de óleo de gergelim
- ½ xícara de água
- 2 colheres de óleo para refogar
- 2 fatias de gengibre, picado
- 2 dentes de alho, picados
- ¼ de uma cebola roxa, picada

instruções

a) Leve o macarrão ao fogo e cozinhe até ficar macio. Escorra a água completamente. Corte o tofu em cubos.

b) Parboilize o bok choy mergulhando-o em água fervente por alguns segundos e depois escorra-o completamente.

c) Combine o molho de soja escuro, molho de feijão preto, vinho de arroz Konjac, vinagre de arroz preto, sal, pasta de pimenta com alho, óleo de pimenta quente, óleo de gergelim e água em uma tigela grande.

d) Aqueça o óleo em uma wok ou frigideira pré-aquecida. Adicione o gengibre, alho e cebola verde ao óleo aquecido. Frite por alguns minutos, até perfumar. Adicione a cebola roxa e refogue brevemente. Empurre para os lados e adicione os talos de bok choy.

e) Misture as folhas até que o bok choy fique verde brilhante e a cebola esteja macia.

f) Leve o molho para ferver no meio da panela. Jogue o tofu. Deixe o tofu absorver o molho fervendo por alguns minutos. Jogue no macarrão.

g) Misture tudo e sirva imediatamente.

53. Tofu Estilo Cajun

Rende 4 porções

Ingredientes

- 1 libra de tofu extra-firme, escorrido e seco
- Sal
- 1 colher de sopa mais 1 colher de chá de tempero Cajun
- 2 colheres de azeite
- ¼ xícara de pimentão verde picado
- 1 colher de sopa de aipo picadinho
- 2 colheres de cebolinha verde picadinha
- 2 dentes de alho, picados
- 1 lata (14,5 onças) de tomate em cubos, escorrido
- 1 colher de sopa de molho de soja
- 1 colher de sopa de salsa fresca picada

instruções

a) Corte o tofu em fatias grossas de 1,2 cm e tempere com sal e 1 colher de sopa de tempero Cajun em cada lado.

b) Aqueça 1 colher de sopa de óleo em uma panela pequena em fogo médio. Adicione o aipo e o pimentão.

c) Cozinhe por 5 minutos.

d) Adicione os tomates, o molho de soja, a salsa e a 1 colher de chá restante da mistura de especiarias Cajun, bem como sal e pimenta a gosto. Reserve depois de ferver por 10 minutos.

e) Aqueça a 1 colher de sopa de óleo restante em uma frigideira grande em fogo médio-alto. Cozinhe o tofu por 10 minutos, ou até dourar dos dois lados. Cozinhe por 5 minutos após adicionar o molho.

f) Sirva imediatamente

54. Lasanha vegana de tofu

Rende 6 porções

Ingredientes

- 12 onças de macarrão de lasanha
- 1 libra de tofu firme, escorrido e desintegrado
- 1 libra de tofu macio, escorrido e desintegrado
- 2 colheres de fermento nutricional
- 1 colher de chá de suco de limão fresco
- 1 colher de chá de sal
- 1/4 colher de chá de pimenta preta moída na hora
- 3 colheres de sopa de salsa fresca picada
- 1/2 xícara de parmesão vegano ouParmasio
- 4 xícaras de molho marinara

instruções

a) Pré-aqueça o forno a 350 ° F.

b) Em uma panela com água fervente com sal, cozinhe o macarrão em fogo médio-alto, mexendo ocasionalmente até ficar al dente, cerca de 7 minutos.

c) Em uma tigela grande, misture o tofus firme e macio. Adicione a levedura nutricional, suco de limão, sal, pimenta, salsa e 1/4 xícara de parmesão. Misture até ficar bem combinado.

d) Coloque uma camada de molho de tomate no fundo de uma assadeira de 9 x 13 polegadas. Cubra com uma camada de macarrão cozido.

e) Espalhe metade da mistura de tofu uniformemente sobre o macarrão. Repita com outra camada de macarrão seguida de uma camada de molho.

f) Espalhe a mistura de tofu restante em cima do molho e finalize com uma camada final de macarrão e molho. Polvilhe com o restante 1/4 xícara de parmesão. Se sobrar algum molho, guarde-o e sirva-o quente em uma tigela ao lado da lasanha.

g) Cubra com papel alumínio e leve ao forno por 45 minutos. Retire a tampa e asse por mais 10 minutos.

h) Deixe descansar por 10 minutos antes de servir.

55.   Ravioli de abóbora com ervilhas

Rende 4 porções

Ingredientes

- 1 xícara de purê de abóbora enlatado
- 1/2 xícara de tofu extra-firme, desintegrado
- 2 colheres de sopa de salsa fresca picada
- Pique a noz-moscada moída
- Sal e pimenta preta moída na hora
- 1Massa de macarrão sem ovos
- 2 ou 3 chalotas médias cortadas em rodelas
- 1 xícara de ervilhas congeladas, descongeladas

instruções

a) Use uma toalha de papel para remover o excesso de líquido da abóbora e do tofu e, em seguida, misture em um processador de alimentos com a levedura nutricional, salsa, noz-moscada e sal e pimenta a gosto. Deixou de lado.

b) Para fazer o ravioli, estenda a massa de massa finamente em uma superfície levemente enfarinhada. Corte a massa em

c) Tiras de 2 polegadas de largura. Coloque 1 colher de chá cheia de recheio em 1 tira de massa, cerca de 1 polegada do topo.

d) Coloque outra colher de chá de recheio na tira de massa, cerca de 2,5 cm abaixo da primeira colher de recheio.

e) Repita ao longo de todo o comprimento da tira de massa. Molhe levemente as bordas da massa com água e coloque uma segunda tira de massa em cima da primeira, cobrindo o recheio.

f) Pressione as duas camadas de massa entre as porções de recheio. Use uma faca para aparar as laterais da massa para deixá-la reta e, em seguida, corte a massa entre cada monte de recheio para fazer ravioli quadrado.

g) Certifique-se de pressionar as bolsas de ar ao redor do enchimento antes de selar. Use os dentes de um garfo para pressionar ao longo das bordas da massa para selar os raviólis.

h) Transfira o ravioli para um prato enfarinhado e repita com a massa e o molho restantes. Deixou de lado.

i) Em uma frigideira grande, aqueça o azeite em fogo médio. Adicione as chalotas e cozinhe, mexendo ocasionalmente, até as chalotas ficarem douradas, mas não queimadas, cerca de 15 minutos. Junte as ervilhas e tempere com sal e pimenta a gosto. Mantenha aquecido em fogo muito baixo.

j) Em uma panela grande com água fervente com sal, cozinhe os raviólis até que subam, cerca de 5 minutos. Escorra bem e transfira para a panela com as chalotas e as ervilhas.

k) Cozinhe por um minuto ou dois para misturar os sabores, depois transfira para uma tigela grande.

l) Tempere com bastante pimenta e sirva imediatamente.

56. Macarrão de abobrinha com parmesão

Faz 2

Tempo total: 7 minutos

Ingredientes

- 2 abobrinhas médias
- 2 colheres de manteiga
- 3 dentes de alho grandes, picados
- 3/4 xícara de queijo parmesão
- 1/4 colher de chá de flocos de pimenta vermelha

instruções

a) Corte a abobrinha em espirais ou fios de macarrão usando o espiralizador de legumes ou o descascador de juliana. Separe o macarrão.

b) Aqueça uma panela grande em fogo médio-alto. Derreta a manteiga e, em seguida, adicione o alho. Cozinhe o alho até perfumado e translúcido, cerca de 30 segundos.

c) Adicione o macarrão de abobrinha e cozinhe até ficar macio, cerca de 3-5 minutos.

d) Retire a panela do fogo, adicione o queijo parmesão e tempere generosamente com sal e pimenta a gosto.

e) Adicione os flocos de pimenta e sirva quente.

57. Tofu de manteiga de amêndoa refogado

Faz 6

Ingredientes

- 1 pacote de 12 onças de tofu extra da empresa.
- 2 colheres de sopa de óleo de gergelim (dividido).
- 4 colheres de sopa de tamari com sódio reduzido
- 3 colheres de sopa de xarope de bordo.
- 2 colheres de sopa de manteiga de amêndoa
- 2 colheres de sopa de suco de limão.
- 1-2 colheres de chá de molho de pimenta
- Vegetais
- Arroz selvagem, arroz branco ou arroz de couve-flor.

instruções:

a) Quando o forno estiver pré-aquecido, desembrulhe o tofu e corte em cubinhos.

b) Enquanto isso, em uma tigela pequena, adicione metade do óleo de gergelim, tamari, xarope de bordo, manteiga de amêndoa, suco de limão e molho de alho/pimenta vermelha/pimenta tailandesa. Misturar para integrar.

c) Inclua tofu assado no molho de manteiga de amêndoa e tamari e deixe marinar por 5 minutos, mexendo de vez em quando. Quanto mais tempo marinar, mais extremo será o sabor, no entanto, descubro que 5-10 minutos são suficientes.

d) Aqueça uma frigideira grande em fogo médio. Quando estiver quente, adicione o tofu, deixando a maior parte da marinada para trás.

e) Cozinhe por cerca de 5 minutos, mexendo de vez em quando, até dourar de todos os lados e levemente caramelizado. Retire da panela e reserve.

f) Na frigideira, coloque o óleo de gergelim restante da marinada.

64. Tigela de Buda de grão de bico de quinua

Faz 2

Ingredientes

Grão de bico:

- 1 xícara de grão de bico seco.
- 1/2 colher de chá de sal marinho.

Quinoa:

- 1 colher de sopa de azeite, semente de uva ou óleo de abacate (ou coco).
- 1 xícara de quinoa branca (bem lavada).
- 1 3/4 xícara de água.
- 1 pitada saudável de sal marinho.

Couve:

- 1 pacote grande de couve crespa

Molho de tahine:

- 1/2 xícara de tahine.
- 1/4 colheres de chá de sal marinho.
- 1/4 colheres de chá de alho em pó.
- 1/4 xícara de água.

Para servir:

- Suco de limão fresco.

instruções:

a) Mergulhe o grão de bico durante a noite em água fria ou use a abordagem de imersão rápida: adicione o grão de bico lavado a uma panela grande e cubra com 5 cm de água. Escorra, enxágue e coloque de volta na panela.

b) Para cozinhar o grão de bico encharcado, adicione a uma panela grande e cubra com 2 polegadas de água. Deixe ferver em fogo alto, depois reduza o fogo para ferver, adicione sal e mexa e cozinhe descoberto por 40 minutos - 1 hora e 20 minutos.

c) Experimente um feijão na marca de 40 minutos para ver como eles são macios. Assim que estiver pronto, escorra o feijão e reserve e polvilhe com um pouco mais de sal.

d) Prepare o molho incluindo tahine, sal marinho e alho em pó em uma pequena tigela e mexendo para integrar. Em seguida, adicione água um pouco de cada vez até formar um molho derramável.

e) Adicione 1/2 polegada de água a uma panela média e leve para ferver em fogo médio. Retire instantaneamente a couve do fogo e transfira para um prato pequeno para servir.

65. Tofu pegajoso com macarrão

Ingredientes:

- 1/2 pepino grande.
- 100 ml de vinagre de vinho tinto de arroz.
- 2 colheres de sopa de açúcar mascavo dourado.
- 100ml de óleo vegetal.
- Embalagem de 200g de tofu da empresa, cortado em cubos de 3cm.
- 2 colheres de sopa de xarope de bordo.
- 4 colheres de sopa de pasta de missô marrom ou branca.
- 30 g de gergelim branco.
- 250 g de macarrão soba seco.
- 2 cebolinhas, raladas, para servir.

instruções:

a) Usando um descascador, corte tiras finas do pepino, deixando as sementes para trás. Coloque as fitas em uma tigela e reserve. Aqueça suavemente o vinagre, o açúcar, 1/4 colher de chá de sal e 100 ml de água em uma panela em fogo médio por 3-5 minutos até o açúcar se liquefazer, depois despeje sobre os pepinos e deixe em conserva na geladeira enquanto prepara o tofu .

b) Aqueça tudo, exceto 1 colher de sopa de óleo em uma frigideira grande e antiaderente em fogo médio até que as bolhas comecem a subir à superfície. Inclua o tofu e frite por 7-10 minutos.

c) Em uma tigela pequena, misture o mel e o missô. Espalhe as sementes de gergelim em um prato. Pincele o tofu frito com o molho de mel pegajoso e reserve as sobras. Cubra o tofu uniformemente nas sementes, polvilhe com um pouco de sal e deixe em um lugar quente.

d) Prepare o macarrão e misture com o restante do óleo, o molho restante e 1 colher de sopa do líquido de decapagem de pepino. Cozinhe por 3 minutos até aquecer completamente.

66. Tofu teriyaki de churrasco vegano

Ingredientes:

- 4 colheres de sopa de molho de soja com baixo teor de sal.
- 2 colheres de sopa de açúcar mascavo macio.
- Pique o gengibre moído.
- 2 colheres de sopa de mirin.
- 3 colheres de chá de óleo de gergelim.
- Bloco de 350 g de tofu extremamente firme (ver dica abaixo) cortado em fatias grossas.
- 1/2 colheres de sopa de óleo de colza.
- 2 abobrinhas cortadas horizontalmente em tiras.
- 200 g de brócolis de caule macio.
- Sementes de gergelim branco e preto, para servir.

instruções:

a) Misture o molho de soja, açúcar mascavo macio, gengibre e mirin com 1 colher de chá de óleo de gergelim e pincele todos os pedaços de tofu.

b) Coloque-os em uma refeição grande e rasa e coloque sobre qualquer marinada restante. Resfrie por pelo menos 1 hora.

c) Aqueça a churrasqueira até que as brasas fiquem brancas ou aqueça uma frigideira. Misture o óleo de gergelim restante com o óleo de colza e pincele as fatias de abobrinha e brócolis.

d) Asse-os sobre as brasas por 7-10 minutos ou até doerem e depois reserve e mantenha aquecido.

e) Grelhe os pedaços de tofu dos dois lados sobre as brasas por 5 minutos (ou use a frigideira) até dourar e ficar crocante nas bordas.

f) Sirva o tofu em uma cama de legumes com a marinada restante e espalhe sobre as sementes de gergelim.

67. Tofu crocante com rabanete

Ingredientes:

- 200 g de tofu firme.
- 2 colheres de sopa de sementes de gergelim.
- 1 colher de sopa de sashimi japonês togarashi.

Mistura de especiarias

- 1/2 colheres de sopa de farinha de milho.
- 1 colher de sopa de óleo de gergelim.
- 1 colher de sopa de óleo vegetal.
- 200 g de brócolis de caule macio.
- 100 g de ervilhas açucaradas.
- 4 rabanetes cortados em fatias bem finas.
- 2 cebolinhas cortadas cuidadosamente.
- 3 kumquats cortados em fatias muito finas.

Para o curativo

- 2 colheres de sopa de molho de soja japonês com baixo teor de sal.
- 2 colheres de sopa de suco de yuzu
- 1 colher de chá de açúcar de confeiteiro dourado.
- 1 chalota pequena, finamente picada.
- 1 colher de chá de gengibre ralado.

instruções:

a) Corte o tofu ao meio, cubra bem com papel de cozinha e coloque em um prato. Coloque uma frigideira pesada em cima para espremer a água. Modifique o papel algumas vezes até que o tofu esteja seco, depois corte em pedaços grossos.

b) Misture as sementes de gergelim, a mistura de especiarias japonesas e a farinha de milho em uma tigela. Pulverize sobre o tofu até ficar bem em camadas. Deixou de lado.

c) Em uma tigela pequena, misture os ingredientes do molho. Leve uma panela de água para ferver para os legumes e aqueça os dois óleos em uma frigideira grande.

d) Quando a frigideira estiver bem quente, coloque o tofu e frite por aproximadamente 1 minuto de cada lado até dourar bem.

e) Quando a água estiver fervendo, prepare o brócolis e as ervilhas por 2-3 minutos.

68. Salada de atum com grão de bico

Atum de grão de bico:

- 15 onças. de grão-de-bico cozido enlatado ou não.
- 2-3 colheres de sopa de iogurte natural sem lactose ou maionese vegana.
- 2 colheres de chá de mostarda Dijon.
- 1/2 colher de chá de cominho moído.
- 1/2 colher de chá de páprica defumada.
- 1 colher de sopa de suco de limão fresco.
- 1 talo de aipo em cubos.
- 2 cebolinhas picadas.
- Sal marinho a gosto.

Montagem do sanduíche:

- 4 pedaços de pão de centeio ou pão de trigo germinado.
- 1 xícara de espinafre infantil.
- 1 abacate fatiado ou em cubos.
- Sal + pimenta.

instruções:

a) Prepare a salada de grão de bico

b) Em um processador de alimentos, pulse o grão de bico até que fique com uma textura grossa e quebradiça. Coloque o grão de bico em uma tigela de tamanho médio e inclua o restante dos ingredientes ativos, mexendo até ficar bem combinado. Tempere com bastante sal marinho a seu gosto.

c) Faça seu sanduíche

d) Coloque o espinafre baby em cada fatia de pão; adicione várias pilhas de salada de atum de grão de bico, espalhando uniformemente. Cubra com fatias de abacate, alguns grãos de sal marinho e pimenta recém-moída.

ACOMPANHAMENTOS E SALADAS

69. Brotos com feijão verde

Ingredientes:

- 600 g de couve-de-bruxelas cortada em quatro.
- 600 gr de feijão verde.
- 1 colher de sopa de azeite.
- Raspas e suco de 1 limão.
- 4 colheres de sopa de pinhões tostados.

instruções:

a) Cozinhe por alguns segundos, adicione os legumes e frite por 3-4 minutos até que os brotos corem um pouco.

b) Adicione um pouco de suco de limão e sal e pimenta a gosto.

70. Pilaf de cogumelos

Faz 2

Ingredientes

- 1 xícara de sementes de cânhamo
- 2 colheres de óleo de coco
- 3 Cogumelos médios em cubos pequenos
- 1/4 xícara de amêndoas fatiadas
- 1/2 xícara de caldo de legumes
- 1/2 colheres de chá de alho em pó
- 1/4 colheres de chá de salsa seca
- Sal e pimenta a gosto

instruções

a) Aqueça o óleo de coco em uma panela em fogo médio e deixe ferver. Adicione as amêndoas fatiadas e os cogumelos à panela assim que começar a borbulhar.

b) Adicione as sementes de cânhamo à panela depois que os cogumelos estiverem macios. Misture tudo bem.

c) Adicione o caldo e os temperos.

d) Reduza o fogo para médio-baixo e deixe o caldo de molho e cozinhe.

71. Salada de repolho vegana

Faz 3

Ingredientes

- 1/4 de cabeça de repolho
- 1/3 xícara de maionese vegana
- 1 colher de sopa de suco de limão
- 1 colher de chá de mostarda dijon
- 1/4 colheres de chá de alho em pó
- 1/4 colheres de chá de cebola em pó
- 1/4 colheres de chá de pimenta
- 1/8 colheres de chá de páprica
- Pitada de sal

instruções

a) Pique o repolho no sentido do comprimento para que cada fio saia limpo do repolho.

b) Combine o repolho com todos os outros ingredientes em uma tigela. Jogue ao redor.

72. Mistura vegetariana

Faz 2

Ingredientes

- 6 colheres de sopa de azeite
- 240g Cogumelos Baby Bella
- 115g Brócolis
- 90g de Pimentão
- 90g de espinafre
- 2 colheres de sopa de sementes de abóbora
- 2 colheres de chá de alho picado
- 1 colher de chá de sal
- 1 colher de chá de pimenta
- 1/2 colheres de chá de pimenta vermelha em flocos

instruções

a) Aqueça o azeite em uma wok em fogo alto. Adicione o alho e cozinhe por um minuto.

b) Quando o alho começar a dourar, adicione os cogumelos e mexa para combinar.

c) Depois que os cogumelos absorverem a maior parte do óleo, adicione o brócolis e os pimentões e misture tudo bem.

d) Misture todos os temperos e as sementes de abóbora.

e) Quando os legumes estiverem prontos, cubra-os com espinafre e deixe o vapor murchar.

f) Misture tudo e sirva assim que o espinafre murchar.

73. Feijão verde-pecã assado

Faz 4

Ingredientes

- 1 libra de feijão verde
- 1/4 xícara de azeite
- 1/2 xícara de nozes picadas
- 1 raspa de limão
- 2 colheres de chá de alho picado
- 1 colher de chá de flocos de pimenta vermelha

instruções

a) Em um processador de alimentos, triture as nozes.

b) Misture o feijão verde com azeite, raspas de limão, alho picado e flocos de pimenta vermelha.

c) Pré-aqueça o forno a 350 °F e asse o feijão verde por 20-25 minutos.

d) Decore com nozes moídas.

74. Brotos de couve fritos

Faz 2

Ingredientes

- 1/2 pacote de brotos de couve
- Óleo para fritar
- Sal e pimenta a gosto

instruções

a) Em uma frigideira funda, aqueça o óleo até ficar bem quente.

b) Coloque os brotos de couve no cesto da fritadeira.

c) Continue a cozinhar os brotos de couve até que as bordas do bulbo estejam douradas e as folhas estejam verde-escuras.

d) Retire da cesta e escorra o excesso de gordura em papel toalha.

e) Adicione sal e pimenta a gosto e bom apetite!

75. Legumes Grelhados

Rende 6 porções

Ingredientes

- 2 abobrinhas médias
- 8 onças de cogumelos
- 2 pimentões
- 4 colheres de óleo de abacate
- 1/2 colheres de chá de orégano seco
- 1/2 colheres de chá de manjericão seco
- 1/4 colheres de chá de alho em pó
- 1/2 colheres de chá de alecrim seco

instruções

a) Combine o óleo com as especiarias secas. Adicione uma pitada de sal e pimenta.

b) Misture os legumes com a marinada e deixe descansar por 10 minutos ou mais enquanto você aquece o churrasco.

c) Churrasque os legumes em um calor bastante quente. Cozinhe os legumes até ficarem crocantes e sirva!

76. Salada verde mista

Faz 1

Ingredientes

Salada

- 2 onças. Verdes Mistos
- 3 colheres de sopa de pinhões ou amêndoas torradas
- 2 colheres de vinagrete de sua preferência
- 2 colheres de sopa de parmesão ralado
- 1 abacate, caroço e pele removidos e fatiados
- Sal e pimenta a gosto

instruções

a) Para servir: Misture os verdes com os pinhões e vinagrete.

b) Tempere com sal e pimenta a gosto e decore com lascas de parmesão.

c) Aproveitar.

77. Salada de tofu e bok choy

Faz 3

Ingredientes

- 15 onças. Tofu Extra Firme
- 9 onças. Bok Choy

marinado

- 1 colher de sopa de molho de soja
- 1 colher de sopa de óleo de gergelim
- 1 colher de sopa de água
- 2 colheres de chá de alho picado
- Suco 1/2 Limão

Molho

- 1 talo de cebolinha verde
- 2 colheres de sopa de coentro, picado
- 3 colheres de óleo de coco
- 2 colheres de sopa de molho de soja
- 1 colher de sopa de Sriracha
- 1 colher de sopa de manteiga de amendoim
- Suco 1/2 limão
- 7 gotas de estévia líquida

instruções

a) Pré-aqueça o forno a 350 graus Fahrenheit.

b) Misture todos os ingredientes da marinada em uma tigela (molho de soja, óleo de gergelim, água, alho e limão).

c) Corte o tofu em quadrados e misture com a marinada em um saco plástico. Marinar por 10 minutos ou mais.

d) Retire o tofu e asse por 15 minutos em uma assadeira.

e) Em um refratário, misture todos os ingredientes do molho.

f) Retire o tofu do forno e misture o tofu, a couve chinesa e o molho em uma saladeira.

78. Salada vegana de pepino

Faz 1

Ingredientes

- 3/4 de pepino grande
- 1 pacote de macarrão shirataki
- 2 colheres de óleo de coco
- 1 cebolinha média
- 1/4 colher de chá de flocos de pimenta vermelha
- 1 colher de sopa de óleo de gergelim
- 1 colheres de chá de sementes de gergelim
- Sal e pimenta a gosto

instruções

a) Aqueça 2 colheres de sopa de óleo de coco em uma panela em fogo médio-alto.

b) Adicione o macarrão e tampe. Cozinhe por 5-7 minutos ou até ficar crocante e dourado.

c) Retire o macarrão Shirataki da panela e escorra em papel toalha. Deixou de lado.

d) Corte o pepino em fatias finas e coloque em uma tigela. Misture com cebolinha, flocos de pimenta vermelha, óleo de gergelim e o macarrão.

e) Tempere a gosto com sal e pimenta.

f) Decore com sementes de gergelim e sirva em um prato.

79. Tempeh e batata doce

Rende 4 porções

Ingredientes

- 1 libra tempeh
- 2 colheres de sopa de molho de soja
- 1 colher de chá de coentro moído
- 1/2 colher de chá de açafrão
- 2 colheres de azeite
- 3 chalotas grandes, picadas
- 1 ou 2 batatas doces médias, descascadas e cortadas em cubos de 1,2 cm
- 2 colheres de chá de gengibre fresco ralado
- 1 xícara de suco de abacaxi
- 2 colheres de chá de açúcar mascavo claro
- Suco de 1 lima

instruções

a) Em uma panela média com água fervente, cozinhe o tempeh por 30 minutos. Transfira-o para uma tigela rasa. Adicione 2 colheres de sopa de molho de soja, coentro e açafrão, jogando para cobrir. Deixou de lado.

b) Em uma frigideira grande, aqueça 1 colher de sopa de óleo em fogo médio. Adicione o tempeh e cozinhe até dourar dos dois lados, cerca de 4 minutos de cada lado. Retire da frigideira e reserve.

c) Na mesma frigideira, aqueça as 2 colheres de sopa restantes de óleo em fogo médio. Adicione as chalotas e a batata-doce. Cubra e cozinhe até ficar levemente amolecido e levemente dourado, cerca de 10 minutos.

d) Junte o gengibre, o suco de abacaxi, a 1 colher de sopa restante de molho de soja e o açúcar, mexendo para combinar.

e) Reduza o fogo para baixo, adicione o tempeh cozido, tampe e cozinhe até que as batatas estejam macias, cerca de 10 minutos. Transfira o tempeh e a batata-doce para uma travessa e mantenha aquecido.

f) Misture o suco de limão no molho e cozinhe por 1 minuto para misturar os sabores.

g) Regue o molho sobre o tempeh e sirva imediatamente.

80. Salada tailandesa de quinua

Para a salada:

- 1/2 xícara de quinoa cozida Usei uma combinação de vermelho e branco.
- 3 colheres de sopa de cenoura ralada.
- 2 colheres de sopa de pimentão vermelho, cuidadosamente fatiado.
- 3 colheres de sopa de pepino em fatias finas.
- Se congelado, 1/2 xícara de edamame descongelado.
- 2 cebolinhas, finamente picadas.
- 1/4 xícara de repolho roxo, cortado em fatias finas.
- 1 colher de sopa de coentro, cuidadosamente picado.
- 2 colheres de sopa de amendoim torrado, picado (opcional).
- Para provar o sal.

Molho de Amendoim Tailandês:

- 1 colher de sopa de manteiga de amendoim natural cremosa.
- 2 colheres de chá de molho de soja com baixo teor de sal.
- 1 colher de chá de vinagre de arroz.
- 1/2 colheres de chá de óleo de gergelim.

- 1/2 - 1 colher de chá de molho sriracha (opcional).
- 1 dente de alho, cuidadosamente picado.
- 1/2 colheres de chá de gengibre ralado.
- 1 colher de chá de suco de limão.
- 1/2 colher de chá de néctar de agave (ou mel).

instruções:

a) Faça o molho de amendoim tailandês:

b) Combine todos os ingredientes para o vestindo uma tigela pequena e misture até ficar bem combinado.

c) Para fazer a salada:

d) Integre a quinoa com os vegetais em uma tigela. Inclua o curativo e misture bem para integrar.

e) Espalhe os amendoins torrados por cima e sirva!

SOBREMESAS

81. Sorvete de limão com infusão de coentro

Faz 4

Ingredientes

- 2 abacates (com caroço e pele removidos)
- 1/4 xícara de eritritol, em pó
- 2 limões médios, espremidos e raspados
- 1 xícara de leite de coco
- 1/4 colher de chá de estévia líquida
- 1/4 - 1/2 xícara de coentro, picado

instruções

a) Leve o leite de coco para ferver em uma panela. Adicione as raspas de lima.

b) Deixe a mistura esfriar e depois congele.

c) Em um processador de alimentos, misture o abacate, o coentro e o suco de limão. Pulse até que a mistura tenha uma textura grossa.

d) Despeje a mistura de leite de coco e estévia líquida sobre os abacates. Pulse a mistura até atingir a consistência adequada. Demora cerca de 2-3 minutos para fazer esta tarefa.

e) Volte ao freezer para descongelar ou sirva imediatamente!

82. Torta de abobora

Faz 1

Ingredientes

A crosta

- 3/4 xícara de farinha de amêndoas
- 1/2 xícara de farinha de linhaça
- 1/4 xícara de Manteiga
- 1 colher de chá de especiarias para torta de abóbora
- 25 gotas de estévia líquida

O preenchimento

- 6 onças. Queijo cremoso vegano
- 1/3 xícara de purê de abóbora
- 2 colheres de sopa de creme de leite
- 1/4 xícara de creme pesado vegano
- 3 colheres de manteiga
- 1/4 colheres de chá de especiarias para torta de abóbora
- 25 gotas de estévia líquida

instruções

a) Combine todos os ingredientes secos da crosta e mexa bem.

b) Amasse os ingredientes secos com a manteiga e a estévia líquida até formar uma massa.

c) Para as suas mini tartes, enrole a massa em pequenas esferas.

d) Pressione a massa contra a lateral da forma de torta até atingir e subir pelas laterais.

e) Misture todos os ingredientes do recheio em uma tigela.

f) Misture os ingredientes do recheio usando um liquidificador de imersão.

g) Quando os ingredientes do recheio estiverem homogêneos, distribua-os na massa e leve para gelar.

h) Retire da geladeira, fatie e cubra com chantilly, se desejar.

83.Sorvete de moca

Faz 2

Ingredientes

- 1 xícara de leite de coco
- 1/4 xícara de creme pesado vegano
- 2 colheres de eritritol
- 20 gotas de estévia líquida
- 2 colheres de sopa de cacau em pó
- 1 colher de café instantâneo
- hortelã

instruções

a) Misture todos os ingredientes e depois transfira para a sua sorveteira e bata de acordo com as instruções do fabricante por 15-20 minutos.

b) Quando o sorvete estiver levemente congelado, sirva imediatamente com uma folha de hortelã.

84. Rosquinhas de cereja e chocolate

Faz 12

Ingredientes sêcos

- 3/4 xícara de farinha de amêndoas
- 1/4 xícara de farinha de linhaça dourada
- 1 colher de chá de fermento em pó
- Pitada de sal
- 10g de chocolate amargo em barra, cortado em pedaços

Ingredientes úmidos

- 2 ovos grandes
- 1 colher de chá de extrato de baunilha
- 2 1/2 colheres de sopa de óleo de coco
- 3 colheres de leite de coco

instruções

a) Em uma tigela grande, misture os ingredientes secos (exceto o chocolate amargo).

b) Misture os ingredientes molhados e, em seguida, dobre os pedaços de chocolate escuro.

c) Conecte sua máquina de donuts e lubrifique-a, se necessário.

d) Despeje a massa na máquina de donuts, feche e cozinhe cerca de 4-5 minutos.

e) Reduza o fogo para baixo e cozinhe por mais 2-3 minutos.

f) Repita para o restante da massa e sirva em seguida.

85. pudim de amora

Faz 1

Ingredientes

- 1/4 xícara de farinha de coco
- 1/4 colheres de chá de fermento em pó
- 2 colheres de óleo de coco
- 2 colheres de sopa de manteiga vegana
- 2 colheres de sopa de creme de leite vegano
- 2 colheres de chá de suco de limão
- Raspas de 1 Limão
- 1/4 xícara de amoras
- 2 colheres de eritritol
- 20 gotas de estévia líquida

instruções

a) Pré-aqueça o forno a 350 graus Fahrenheit.

b) Peneire os ingredientes secos sobre os componentes úmidos e misture em velocidade baixa até misturar bem.

c) Divida a massa entre dois ramequins.

d) Empurre as amoras para o topo da massa para distribuí-las igualmente na massa.

e) Asse por 20-25 minutos.

f) Sirva com uma colherada de chantilly por cima!

86. Torta de abóbora com xarope de bordo

Rende 8 porções

Ingredientes

- 1 massa de torta vegana
- 1 (16 onças) pode pacote sólido de abóbora
- 1 (12 onças) pacote de tofu de seda extra-firme, escorrido
- 1 xícara de açúcar
- 2 colheres de chá de canela em pó
- 1/2 colher de chá de pimenta da Jamaica moída
- 1/2 colher de chá de gengibre em pó
- 1/2 colher de chá de noz-moscada moída

instruções

a) Misture a abóbora e o tofu em um processador de alimentos até ficar homogêneo. Adicione o açúcar, xarope de bordo, canela, pimenta da Jamaica, gengibre e noz-moscada até ficar homogêneo.

b) Pré-aqueça o forno a 400 graus Fahrenheit.

c) Recheie a massa com o recheio. Asse por 15 minutos a 350° F.

87. Torta Rústica

Rende 4 a 6 porções

Ingredientes

- Batatas Yukon Gold, descascadas e cortadas em cubos
- 2 colheres de margarina vegana
- 1/4 xícara de leite de soja sem açúcar
- Sal e pimenta preta moída na hora
- 1 colher de azeite
- 1 cebola amarela média, finamente picada
- 1 cenoura média, bem picada
- 1 costela de aipo, finamente picada
- 12 onças de seitan, finamente picado
- 1 xícara de ervilhas congeladas
- 1 xícara de milho congelado
- 1 colher de chá de salgado seco
- 1/2 colher de chá de tomilho seco

instruções

a) Em uma panela de água fervente com sal, cozinhe as batatas até ficarem macias, 15 a 20 minutos.

b) Escorra bem e volte para a panela. Adicione a margarina, o leite de soja e sal e pimenta a gosto.

c) Amasse grosseiramente com um espremedor de batatas e reserve. Pré-aqueça o forno a 350 ° F.

d) Em uma frigideira grande, aqueça o azeite em fogo médio. Adicione a cebola, a cenoura e o aipo.

e) Cubra e cozinhe até ficar macio, cerca de 10 minutos. Transfira os legumes para uma assadeira de 9 x 13 polegadas. Junte o seitan, o molho de cogumelos, as ervilhas, o milho, o segurelha e o tomilho.

f) Tempere com sal e pimenta a gosto e espalhe a mistura uniformemente na assadeira.

g) Cubra com o purê de batatas, espalhando até as bordas da assadeira. Asse até que as batatas estejam douradas e o recheio borbulhando, cerca de 45 minutos.

h) Sirva imediatamente.

88. Fondue de chocolate amaretto

Rende 4 porções

Ingredientes

- 3 onças de chocolate de cozimento sem açúcar
- 1 xícara de creme de leite
- 24 pacotes de adoçante aspartame
- 1 colher de açúcar
- 1 colher de chá de amaretto
- 1 colher de chá de extrato de baunilha
- Bagas, $\frac{1}{2}$ xícara por porção

instruções

a) Quebre o chocolate em pedaços pequenos e coloque em uma medida de vidro de 2 xícaras com o creme.

b) Aqueça no micro-ondas em potência alta até o chocolate derreter, cerca de 2 minutos. Bata até que a mistura fique brilhante.

c) Adicione o adoçante, o açúcar, o amaretto e a baunilha, mexendo até a mistura ficar homogênea.

d) Transfira a mistura para uma panela de fondue ou uma tigela de servir. Sirva com frutas para mergulhar.

89. Flans com coulis de framboesa

Rende 2 a 4 porções

Ingredientes

- 1 xícara de leite
- 1 xícara meia e meia
- 2 ovos grandes
- 2 gemas grandes
- 6 pacotes de adoçante aspartame
- ¼ colher de chá de sal kosher
- 1 colher de chá de extrato de baunilha
- 1 xícara de framboesas frescas

instruções

a) Coloque uma assadeira cheia com 1 polegada de água em uma grade no terço inferior do forno.

b) Unte com manteiga seis ramequins de ½ polegada. Aqueça o leite e meio e meio no micro-ondas em potência alta (100%) por 2 minutos ou no fogão em uma panela média até aquecer.

c) Enquanto isso, bata os ovos e as gemas em uma tigela média até espumar.

d) Aos poucos, misture a mistura de leite quente nos ovos. Misture o adoçante, o sal e a baunilha. Despeje a mistura nos ramequins preparados.

e) Coloque nas panelas cheias de água e asse até que os cremes estejam firmes, cerca de 30 minutos.

f) Retire os pratos da assadeira e esfrie até a temperatura ambiente em uma gradinha e leve à geladeira até esfriar, cerca de 2 horas.

g) Para fazer o coulis, basta triturar as framboesas no processador de alimentos. Adicione adoçante a gosto.

h) Para servir, passe uma colher ao redor da borda de cada creme e desenforme em um prato de sobremesa.

i) Regue o coulis por cima do creme e finalize com algumas framboesas frescas e um raminho de hortelã, se estiver usando.

90. Bolas de frutas em bourbon

Rende 2 porções

Ingredientes

- ½ xícara de bolinhas de melão
- ½ xícara de morangos cortados ao meio
- 1 colher de sopa de bourbon
- 1 colher de açúcar
- ½ pacote de adoçante aspartame
- Raminhos de hortelã fresca para decorar

instruções

a) Combine as bolas de melão e morangos em um prato de vidro.

b) Misture com o bourbon, açúcar e aspartame.

c) Cubra e leve à geladeira até a hora de servir. Coloque a fruta em pratos de sobremesa e decore com folhas de hortelã.

VINAGRETES E MARINADAS

91. Molho rancho de alho

Ingredientes

- 1 colher de chá de alho em pó
- 2 colheres de maionese
- 2 colheres de chá de mostarda Dijon
- 2 colheres de sopa de suco de limão fresco
- Sal e pimenta preta moída na hora a gosto

Instruções

1) Misture todos os ingredientes em uma saladeira.
2) Regue com uma salada e sirva.

92. Molho de cebola roxa e coentro

Ingredientes

- 1 colher de chá de cebola roxa bem picada
- ½ colher de chá de gengibre cristalizado picado
- 1 colher de sopa de amêndoas descascadas e laminadas
- 2 colheres de chá de sementes de gergelim
- ¼ colher de chá de semente de anis
- 1 colher de chá de coentro fresco picado
- ⅛ colher de chá de pimenta caiena
- 1 colher de sopa de vinagre de vinho branco
- 1 colher de sopa de azeite extra virgem

Instruções

a) Em uma tigela pequena, misture a cebola, gengibre, amêndoas, sementes de gergelim, sementes de anis, coentro, pimenta de Caiena e vinagre.

b) Misture o azeite até ficar bem combinado.

93. Molho cremoso de Dilly Ranch

Ingredientes

- 2 colheres de maionese
- 1 colher de sopa de endro fresco picado
- 1 colher de sopa de vinagre de vinho branco
- 1 colher de chá de mostarda Dijon

instruções

a) Misture todos os ingredientes em uma saladeira.

b) Regue com a salada e sirva.

94. Molho cha cha quente

Ingredientes

- 1 colher de sopa de azeite extra virgem
- 1 colher de maionese
- 2 colheres de sopa de salsa suave ou quente
- ¼ colher de chá de pimenta preta moída na hora
- ⅛ colher de chá de cominho moído
- 1 colher de chá de alho em pó
- ¼ colher de chá de orégano
- Caiena a gosto (opcional)
- Sal e pimenta preta moída na hora a gosto

Instruções

1) Misture bem todos os ingredientes em uma tigela pequena.
2) Prove e ajuste os temperos.

95.Vinagrete estilo cajun

Ingredientes

- 2 colheres de vinagre de vinho tinto
- $\frac{1}{2}$ colher de chá de páprica doce
- $\frac{1}{2}$ colher de chá de mostarda Dijon granulada
- $\frac{1}{8}$ colher de chá de pimenta caiena ou a gosto
- $\frac{1}{8}$ colher de chá (ou menos) de substituto do açúcar, opcional ou a gosto
- 2 colheres de azeite extra virgem
- sal e pimenta preta moída na hora a gosto

Instruções

1) Misture todos os ingredientes em uma saladeira. Prove e ajuste os temperos.
2) Coloque as folhas verdes da salada por cima, misture e sirva.

96. vinagrete de mostarda

Ingredientes

- 2 colheres de azeite extra virgem
- 2 colheres de chá de mostarda granulada
- 1 colher de alho em pó
- ½ colher de chá de rabanete preparado
- 2 colheres de vinagre de vinho tinto
- ¼ colher de chá de açúcar
- Sal e pimenta preta moída na hora a gosto

instruções

a) Misture todos os ingredientes em uma saladeira. Prove e ajuste os temperos.

b) Camada com as folhas verdes e misture antes de servir.

97. Vinagrete de gengibre e pimenta

Ingredientes

- 1 colher de sopa de vinagre de arroz
- ¼ colher de chá de açúcar
- 1 dente de alho, finamente picado
- ½ colher de chá de gengibre fresco picado
- ¼ colher de chá de pimenta malagueta seca triturada
- ¼ colher de chá de mostarda seca
- ¼ colher de chá de óleo de gergelim
- 2 colheres de óleo vegetal

Instruções

1) Misture todos os ingredientes em uma saladeira. Prove e ajuste os temperos.
2) Camada com salada verde e misture antes de servir.

98. Vinagrete cítrico

Ingredientes

- 1 colher de sopa de suco de limão fresco
- 1 colher de sopa de suco de limão fresco
- 1 colher de sopa de suco de laranja fresco
- 1 colher de chá de vinagre de arroz
- 3 colheres de sopa de azeite extra virgem
- ½ colher de chá de açúcar
- Sal e pimenta preta moída na hora a gosto

Instruções

a) Misture todos os ingredientes em uma saladeira grande. Coloque as folhas de alface no molho.

b) Misture pouco antes de servir.

99. Pimenta branca e cravo-da-índia

Ingredientes

- ¼ xícara de pimenta branca
- 1 colher de sopa de pimenta-do-reino moída
- 1 colher de canela em pó
- 1 colher de sopa de salsa moída
- 2 colheres de cravo inteiros
- 2 colheres de noz-moscada moída
- 2 colheres de páprica
- 2 colheres de tomilho seco

instruções

a) Bata todos os ingredientes no liquidificador ou processador de alimentos.

b) Guarde em um pote com tampa hermética.

100. Esfregaço seco de pimenta

Ingredientes

- 3 colheres de alho em pó

  3 colheres de páprica

- 1 colher de sopa de pimenta em pó

- 2 colheres de sal

- 1 colher de chá de pimenta preta moída na hora, ou a gosto

- ¼ colher de chá de pimenta caiena

Instruções

1) Moa a mistura de especiarias em um processador de alimentos ou liquidificador, ou use um almofariz e pilão.

2) Guarde em um pote com tampa hermética.

CONCLUSÃO

Obrigado por chegar até aqui!

Comer carne, laticínios e ovos prejudica não apenas os animais e o meio ambiente, mas também pode ser prejudicial à sua saúde. Comer carne processada aumenta o risco de câncer, e estudos revelam que comer carne, leite e ovos de animais é tão ruim para a saúde humana quanto fumar.

Muitas dietas veganas são ricas em proteínas vegetais, que são livres dos riscos à saúde associados à proteína derivada de animais.

Dado o quão saudável a culinária à base de plantas pode ser, não é surpresa que um número crescente de atletas de classe mundial e outras figuras conhecidas estejam se tornando veganos.

Esta dieta não só ajuda a perder peso e diminuir os triglicerídeos, mas também melhora os níveis de colesterol, pressão arterial e açúcar no sangue.

Estes pratos são um excelente ponto de partida se quiser melhorar a sua saúde!

www.ingramcontent.com/pod-product-compliance
Lightning Source LLC
Chambersburg PA
CBHW071811080526
44589CB00012B/752